PAPA DÉBUTANT

ILLUSTRÉ

Lionel Paillès
Avec Benoît Le Goëdec, sage-femme

REMERCIEMENTS :

À Elia, Yaël et Cécile…
Évidemment.
À Benoît Le Goëdec,
qui m'a encouragé et secondé tout au long
de la rédaction de ce livre.
Aux docteurs Béatrice Di Mascio et Luc Gourand,
qui m'ont offert leur expertise chacun dans leur domaine.
À François, Gérard, Laurent, Mike, Thibault
et tous les autres papas, ou futurs papas,
qui m'ont nourri de leur expérience
et de leur questionnement à cœur ouvert.

ISBN 978-2-7540-8703-2
Dépôt légal : mai 2016
Imprimé en France par Pollina - L76565
Édition : Audrey Bernard
Mise en page intérieure : Hélène Crochemore, Atelier Didier Thimonier
Création graphique : Nicolas Galy
Illustrations de couverture et intérieur : Pacco

Éditions First, un département d'Édi8
12, avenue d'Italie
75013 Paris - France
Tél. : 01 44 16 09 00
Fax : 01 44 16 09 01
e-mail : firstinfo@efirst.com

Site internet : www.editionsfirst.fr

SOMMAIRE

PRÉFACE

Le jour de l'accouchement, plusieurs naissances se télescopent : le bébé, la mère, le père. Chacun naît ou renaît.

Si beaucoup d'hommes définissent leur paternité à compter de cet instant, chacun doit vivre les moments antérieurs à la naissance.

Les neuf mois de la grossesse sont des temps de cheminement nécessaires à la préparation, à la maturation, à l'acceptation de la nouvelle place à prendre dans la lignée familiale. On imagine bien que quitter sa place d'enfant, puis devenir père à son tour, ne se fait pas sans changement intérieur. C'est tout ce chemin parcouru qui permet d'accueillir l'enfant dans les meilleures conditions.

Dans ce parcours initiatique, l'homme, lui aussi, a besoin d'un accompagnement spécifique le sortant de son rôle de compagnon pour être écouté dans son individualité. C'est seulement s'il peut se laisser aller à l'expression de ses émotions, de son propre questionnement, qu'il pourra mettre en place sa paternité.

C'est d'autant plus essentiel que l'homme a une place clé dans la relation triangulaire qui s'instaure : il fait entrer l'extérieur à la maison, il sort la femme de cette relation maternelle fusionnelle et donne un espace de liberté à l'enfant.

Et c'est parce qu'il reste homme, masculin dans son odeur, sa voix, ses gestes, que cela est structurant pour l'enfant. C'est donc dans les rapports physiques que la symbolique paternelle peut aussi se déployer. Mais il faut souvent l'encourager pour qu'il s'autorise à être actif dans tous les temps de la vie de l'enfant, tout en se redécouvrant comme homme dans le couple à reconstruire.

Cette sécurisation, cette écoute du père, c'est la sage-femme qui peut la prendre en charge dans les consultations à domicile ou les groupes de paroles ouverts aux jeunes pères dans certaines maternités.

J'espère que ce livre sera un complément à cet accompagnement, non comme une collection de règles formatées, mais comme une réflexion pour que chacun fasse son propre chemin dans la plus grande liberté, et qu'ainsi libéré de ses possessions multiples, l'homme puisse naître à son nouvel état : celui de père.

Benoît Le Goëdec, sage-femme

INTRODUCTION

Au commencement, j'étais sur un nuage. J'étais même le capitaine du nuage. Neuf mois de bonheur insouciant. Après une longue soirée télé à compter les contractions comme on compterait les moutons à la fin des programmes d'Arte, j'ai été soudain téléporté en salle de travail à la Pitié-Salpêtrière. Sans la combinaison spatio-disco temporelle du capitaine Kirk, mais avec une charlotte au moins aussi ridicule sur la tête (sur George Clooney, ça le faisait pourtant !), une blouse transparente très chic et des surchaussures qui me faisaient des pieds de Mickey, je flottais dans une douce et molle torpeur.

Ce bébé-là, ce petit chat qui me semblait aussi fragile qu'une porcelaine de Gien, s'il ne me ressemblait que vaguement, et encore, de loin, c'est comme si je l'avais toujours porté… dans mes bras. Moi, pataud ascendant empoté, je n'avais même pas peur de le laisser tomber. L'état de grâce, quoi. Je frimais gentiment devant les puéricultrices et les sages-femmes, je faisais passer Yaël d'une épaule à l'autre, du creux de mon bras à mon l'épaule. Ça semblait si facile à cet instant. Jusqu'au taxi. Jusqu'au retour à la maison. Là, derrière la porte blindée trois points, la belle histoire a viré au cauchemar familial : les biberons qui reviennent toutes les trois heures ; les pleurs du bébé parce qu'il a mal, mal aux fesses, aux dents, aux cheveux, parce qu'il a faim, froid, soif, parce qu'il a fait caca (rayer les mentions inutiles) ; les trips angoissants autour du berceau : « ça fait longtemps qu'elle n'a pas respiré, non ? » Soudain, tout devenait lourd, compliqué, grave, technique. Tout n'était plus que questionnement. Adieu, légèreté de ma vie d'avant ! Ça nous a pris une poignée de jours pour s'apprivoiser, elle et moi.

Au fil des biberons et des changes, j'ai pris confiance, j'ai commencé à lire le bébé dans le texte. Je crois que j'ai créé une vraie relation avec ma fille le jour où j'ai compris qu'en l'écoutant, en la regardant, je trouverai moi-même la plupart des réponses aux questions que je me posais. Vous aussi vous y aurez droit, vous aussi, vous passerez par des moments de panique, d'épuisement, de l'euphorie au découragement. Vous aussi, vous pataugerez dans la semoule, les couches, et tout le reste, et puis vous découvrirez que regarder simplement ce nouveau-né allongé là, devant vous, est une expérience bien plus renversante qu'un saut en parachute, un trekking de l'autre côté du monde ou n'importe quelle finale de coupe du monde de foot, de rugby, ou de n'importe quoi d'autre.

J'espère que ces petits conseils pratiques glanés dans mes souvenirs de papa récidiviste (j'ai à présent deux enfants, ma fille aînée Yaël a 10 ans et demi, c'est elle qui m'a donné envie d'écrire la première édition de ce livre en 2003 !), et auprès des spécialistes de la petite enfance, vous aideront à dédramatiser, à traverser plus aisément cette expérience inoubliable et à vous convaincre que le meilleur papa que votre enfant puisse espérer, c'est vous !

Chaque fois que vous verrez apparaître la rubrique « mon truc en plus », vous trouverez le témoignage d'un papa passé par les mêmes galères que vous et qui vous donne sa solution, son astuce, bricolée sur le tas. Cette septième édition est fidèle à la première dans son intention : accompagner chaque nouveau papa sur le chemin de la découverte, sans lui faire la morale, sans jamais le culpabiliser.

Bonne chance, jeune papa (tu permets que je t'appelle « papa » ?), et ouvre grand tes yeux bleu océan d'aventurier, car l'émerveillement que tu vas vivre là, tu ne le revivras pas de sitôt ! Peut-être jamais.

Lionel Paillès

ACTE 1

LA GROSSESSE VUE PAR PAPA

D'abord, vous ne voulez même pas y songer.
Non, on vous a parlé de la période des 3 mois et vous ne voulez pas penser à cet enfant qui va naître.
Des fois que ça lui porte la poisse. Vous niez presque qu'il est juste là, tout près, ce petit chat. D'ailleurs, on ne peut pas dire que votre compagne ait beaucoup changé, ces derniers temps. Et puis un matin, vous vous réveillez et vous constatez que son petit ventre s'est arrondi d'un seul coup. C'est pourtant vrai qu'elle est enceinte!
À cet instant, c'est vous qui l'avez cette première nausée, une bonne bouffée d'angoisse de derrière les fagots.
Les visites chez le médecin, l'inscription à la maternité, le dossier à remplir pour la crèche, les échographies (une, deux, trois…) vous aident à créer une perspective, à tracer un chemin pour y voir un peu plus loin que là, tout de suite, maintenant. C'est ici que tout commence, et l'aventure est très belle.

« Avant même de faire un test, existe-t-il des signes objectifs de la grossesse ? »

Certains signes précoces permettent de se faire une idée qu'un test de grossesse confirmera ou non par la suite. Le retard ou l'absence de règles est le symptôme le plus fréquent et le plus probant. C'est surtout celui qui pousse le plus souvent la femme à pratiquer un test.

Néanmoins une absence de règles peut s'expliquer par nombre d'autres facteurs : la fatigue, l'arrêt d'un contraceptif, une prise ou une perte de poids excessive, des problèmes hormonaux... Un des symptômes les plus classiques reste l'apparition de nausées matinales, généralement entre la 2e et la 8e semaine qui suivent la fécondation. De façon plus précoce, des seins gonflés ou mous dès les deux premières semaines constituent également un signe. Les aréoles des seins foncent aussi fréquemment avec la grossesse. Autres signes : des douleurs dans le bas du dos et des maux de tête que l'on explique par l'augmentation soudaine du taux d'hormones dans le sang. Derniers éléments éventuellement révélateurs de la présence d'une « petite graine » : une émotivité accrue, de fréquentes envies d'uriner (l'utérus faisant pression sur la vessie), une augmentation des sécrétions vaginales, un dégoût pour certains aliments et une fringale pour d'autres, la sensation d'avoir dans la bouche un goût bizarre, un peu métallique.

« Un test de grossesse, ça marche comment ? »

Clearblue, Bluetest, Revelatest, Predictor... les tests de grossesse vendus en pharmacie se présentent sous la forme de bâtonnets ou de cartes qui, quelques minutes après avoir été mis en contact avec l'urine, vont afficher une ligne bleue ou une petite croix signifiant « enceinte » ou « pas enceinte » (ces signes diffèrent selon les marques et il est important de bien lire le mode d'emploi). Ces tests urinaires mettent ainsi en évidence la présence ou non de l'hormone HCG, présente uniquement dans l'urine de la femme enceinte. On peut pratiquer ce test urinaire à tout moment de la journée, mais mieux vaut l'effectuer le matin au réveil, heure où les urines sont plus concentrées. Le test a donc plus de chance d'être positif en cas de grossesse récente.

Conseil à donner à votre compagne : éviter de trop boire avant le test pour ne pas diluer la fameuse hormone !

AVANT D'ÊTRE PAPA...

« Ma compagne ne veut pas arrêter de fumer. Quels sont les risques pour le bébé ? »

Une femme qui fume multiplie par trois le risque d'avortement spontané, un risque qui n'est pas exclu pour une future maman exposée au tabagisme passif. Par ailleurs, le tabac augmente le risque de grossesse extra-utérine et multiplie par deux celui d'accouchement prématuré. En outre, le poids à la naissance d'un enfant de fumeuse est inférieur de 200 à 300 grammes à celui de l'enfant d'une non-fumeuse.

Si l'on ajoute des complications à l'accouchement plus fréquentes, ça donne plutôt envie de jeter son « paquet de clopes » ! Pour le bien de l'enfant à naître, mieux vaut y encourager la future maman ou du moins l'inciter à diminuer sa consommation de tabac. Et il n'est jamais trop tard pour arrêter comme pour réduire ! Votre bébé en ressentira immédiatement les bénéfices. Et vous, futur papa, si vous fumez, efforcez-vous d'arrêter pour soutenir la maman comme pour limiter au maximum la fumée passive.

« Comment son gynéco calcule-t-il la date de l'accouchement ? »

Les médecins évaluent la durée de la grossesse en semaines d'aménorrhée, c'est-à-dire d'absence de règles. La grossesse est donc comptée à partir du premier jour des dernières règles. La durée de la grossesse est de 41 semaines à partir du premier jour des dernières règles de votre compagne (c'est une donnée moyenne qui peut varier de quelques jours, car on ne sait pas évaluer la durée de la gestation). On résume : pour calculer la date présumée de l'accouchement, vous n'avez qu'à ajouter 41 semaines à la date du début des dernières règles. La première échographie, qui est faite entre la 12e et 14e semaine d'aménorrhée, permet de confirmer ou de définir plus précisement la date d'accouchement si un doute demeure.

→ ALLÔ PAPA, ICI BÉBÉ !

Ah, si votre bébé pouvait parler ! Il raconterait sûrement à quoi il ressemble, ce qu'il ressent, ce qu'il fait jour après jour dans cet univers doux et confortable…

PREMIER MOIS : le grand chambardement

« À la fin du premier mois, j'ai la forme d'une virgule allongée, papa dit que j'ai des faux airs de crevette. C'est vrai, je ne ressemble pas à grand-chose, mais patience ! J'ai plein de petites encoches partout qui vont vite devenir des vertèbres. Mes organes sont un peu emmêlés, mais mon cœur bat déjà. Vous savez quoi ? À la quatrième semaine, mon poids se multiplie par 10 000 ! »

Mensurations : L'embryon, de la taille d'un haricot, pèse 1 g et mesure 2 à 5 mm.

DEUXIÈME MOIS : le « gros œuvre »

« Oui je sais : j'ai l'air d'un haricot, avec une grosse tête repliée sur mon ventre. Mais mes bras et mes jambes qui n'étaient que des petits bourrelets jusque-là deviennent comme des petits bourgeons... Et ça pousse, ça pousse ! D'abord un bras, l'avant-bras, la main. Mes oreilles et mon nez prennent forme, mon visage est en train de se dessiner... Les coudes, la mœlle épinière, les reins, les membres, et les doigts se forment. L'ossification du squelette, ils appellent ça. Je suis un mini-bébé, pas un animal ! Je vais même perdre cette petite queue ridicule. »

Mensurations : À la fin de ce deuxième mois, l'embryon pèse 10 g pour 30 à 40 mm.

TROISIÈME MOIS : en plein boom

« Appelez-moi monsieur bébé ! C'est plus de la rigolade : ma taille triple et mon poids quadruple. Ma tête d'ange représente le tiers de mon corps, mon visage se modèle. Mes organes sont formés, mes muscles se mettent en place, à commencer par ceux de la nuque (il faut la soulever cette grosse tête !). Mes mains sont super bien dessinées, mes doigts de pied sont en éventail. Vous avez vu, ma bouche s'ouvre et se ferme : ils appellent ça la succion ! »

Mensurations : Il pèse 50 g pour environ 12 cm.

QUATRIÈME MOIS : une tête bien droite

« Mes jambes sont plus longues que mes bras. Du coup, ma tête semble moins disproportionnée. Y a un truc que je trouve bizarre, c'est que mon corps se couvre de duvet. Mes yeux bougent, même s'ils restent fermés, je fronce les sourcils... Mon cœur, lui, bat à 180 pulsations/minute... Eh oui, trois fois plus vite que celui d'un adulte ! »

Mensurations : Il pèse 200 g pour environ 20 cm.

CINQUIÈME MOIS : un bébé très cérébral

« Ça y est : mes neurones se mettent en place. Maman perçoit mes mouvements, faut dire que je fais des ruades pour bien montrer que mes petits muscles sont plus costauds qu'avant. Mes ongles et mes cheveux poussent, mes oreilles s'ourlent joliment... Voilà que j'ai des empreintes digitales ! »

Mensurations : Il pèse 500 g pour 30 cm.

SIXIÈME MOIS : les organes peaufinent les détails

« Oui, je suis encore tout maigrichon, mais un peu moins anguleux. Quand je suis en forme, je fais 20 à 60 mouvements par demi-heure. Les bourgeons de mes dents secrètent l'ivoire, puis l'émail. J'avoue que j'écoute aux portes : même de façon assourdie, j'entends les sons du dehors. »

Mensurations : Il pèse 800 g pour 33 cm environ.

SEPTIÈME MOIS : l'éveil des sens

« Mes yeux s'ouvrent, mes oreilles se débouchent, mes mains sont sensibles au toucher... Je m'ouvre au monde, je réagis de plus en plus aux sollicitations extérieures. Le seul hic, c'est que je commence à être à l'étroit. Quand je bouge, maman voit nettement les bosses qui se dessinent sur son ventre... Elle peut même voir quand j'ai le hoquet. »

Mensurations : Bébé pèse entre 1,7 et 1,8 kg et mesure 40 cm.

HUITIÈME MOIS : un vrai bébé !

« J'ai l'apparence d'un vrai bébé, bien potelé. Tous mes organes fonctionnent... Sauf mes poumons. C'est l'heure pour moi d'adopter la position de naissance avant d'être trop gros pour pouvoir me retourner : tête en bas, fesses en haut. Je baigne dans un litre de liquide amniotique, je suis de plus en plus autonome et j'adore les caresses, les chants... et les bons repas. Ah, j'oubliais : je fais pipi ! »

Mensurations : Il pèse 2,5 kg pour un peu plus de 45 cm.

NEUVIÈME MOIS : l'heure H approche !

« Je suis enfin prêt à pointer le bout de mon nez. Je continue de grossir, j'ai de moins en moins de place alors je croise les bras et je plie les jambes. Je consacre ces derniers instants à me faire une beauté : je perds mon duvet, ma peau devient toute belle, d'un blanc rosâtre… Je sais, j'suis craquant comme tout ».

Mensurations : À la naissance, bébé pèse environ 3 à 4 kg pour 50 cm en moyenne.

« Quand peut-on annoncer la nouvelle de la grossesse ? »

Quand bon vous semble ! On attend souvent le troisième mois pour annoncer la nouvelle à tout le monde (on en a souvent déjà fait part à certains), un peu pour des raisons de superstition, le risque de fausse couche étant effectivement plus élevé au cours du premier trimestre.

Certains préfèrent ainsi attendre plutôt que de devoir annoncer une triste nouvelle à leur entourage dans le cas où les choses se passeraient mal. Néanmoins, en cas d'épreuve, le soutien des familles peut être utile, tout en sachant que les amis ou les parents ne savent parfois pas comment réagir, ne répondent pas toujours à l'attente qu'ont de jeunes parents déçus faute de comprendre la situation et parce qu'ils ne partagent pas exactement les mêmes préoccupations.

MON TRUC EN PLUS

Éric, 21 ans, papa de Tiphaine, 9 mois.

« Pour annoncer la future naissance, j'ai acheté un gros chou piqué de roses que j'ai posé devant l'assiette de mon père et de ma mère à l'occasion d'un dîner. Mon père a compris immédiatement, il avait les larmes aux yeux. Ma mère a mis plus de temps à saisir. »

« J'espérais avoir une fille, ce sera un garçon. Ai-je le droit d'être déçu ? »

Rassurez-vous, cela n'a rien d'anormal. Vous vous prépariez à avoir une fille, c'était devenu une évidence pour vous, voire une réalité. La déception que vous éprouvez est normale et vous aurez le temps de vous habituer à l'idée d'être le père d'un fils. À l'instant même où vous tiendrez votre enfant dans les bras, je peux vous parier que vous n'aurez plus aucun regret, pas l'ombre d'une déception.

« Ça sert vraiment à quelque chose de parler au ventre ? »

Cent fois oui ! Évidemment, au début, il ne vous entendra pas (pour cela il vous faudra attendre le début du sixième mois), et même quand il pourra vous entendre, il ne vous comprendra pas. Mais cela vous aidera, vous, à construire votre paternité, à nouer des liens avec votre bébé. Et lui, ça l'aidera à apprendre à reconnaître votre voix parmi les autres, et à la trouver rassurante, ce qui vous sera utile plus tard, quand il pleurera. Parlez-lui calmement, mais si vous voulez être entendu, ne chuchotez pas trop quand même (eh oui, le petit chou est dans une bulle protectrice qui atténue tout, y compris les bruits). Ne criez pas non plus, ne le brusquez pas, il a besoin de tranquillité. Quand vous vous adressez à lui, posez votre main sur le ventre de votre compagne, caressez-le, cela l'aidera à comprendre que c'est à lui que vous vous adressez, et vous pourrez parfois aussi sentir qu'il vous reconnaît et vous répond par de petits coups. Commencez juste par des petites phrases toutes simples, comme « coucou, je suis ton papa mon gars », et vous verrez que, très vite, les mots sortiront tout naturellement.

→ UN CALENDRIER POUR DEUX

Pour partager tous les moments clés de sa grossesse avec elle, créez un calendrier de grossesse afin de pouvoir suivre son évolution et participer à ses rendez-vous prénataux, ses échographies. Un excellent moyen de se sentir pleinement investi dans cette période si importante de votre vie, de vivre la grossesse beaucoup plus concrètement. Sur le site www.etreenceinte.com

« Existe-t-il une position sexuelle plus recommandée pendant la grossesse ? »

C'est à vous d'être inventif pour continuer à faire des câlins tout en douceur malgré les rondeurs. Disons que la position dite « des petites cuillères » est parfaitement adaptée. Petite leçon de rattrapage : vous êtes tous les deux allongés sur le côté, vous bien plaqué contre le dos de

ESPRIT ES-TU LÀ ? SI TU M'ENTENDS TAPE TROIS FOIS !!!

madame (là, l'image de deux petites cuillères emboîtées est plus évidente, non ?). Étant tous les deux confortablement couchés, vous pouvez prendre votre temps, elle de s'abandonner (l'utérus alourdi par le bébé ne pèse pas sur son estomac), vous de la caresser, de l'embrasser. Grâce à des mouvements très lents et donc très doux, ne provoquant qu'une excitation faible, vous jouez avec des nuances de sensations.

→ JE FAIS MON INTÉRESSANT !

DRÔLE D'UTÉRUS

Symbole de la féminité et de la maternité, cet organe creux en forme de cône à sommet tronqué, dirigé vers le bas, se divise en deux parties : le col et le corps.

Avant la grossesse, il est contenu dans le petit bassin (à la base du bassin), entre la vessie en avant et le rectum en arrière ; à 2 mois, il déborde juste du bord supérieur du pubis de la femme enceinte ; à 3 mois il est 8 cm au-dessus ; à 4 mois et demi, il atteint l'ombilic et mesurera 33 cm à terme.

Petite poire, il prend la forme d'une mandarine, puis d'une orange (à 2 mois), d'un pamplemousse (à 3 mois) pour devenir ensuite cylindrique, puis ovoïde.

Il est de consistance souple et élastique, dur en cas de contraction.

Il pèse 50 g avant la grossesse, 200 g à 13 semaines d'aménorrhée et 1 200 g à terme.

Le col est comme un cylindre de 4 cm. Il a donc deux orifices : un vers l'extérieur, celui qui arrive dans le vagin, et un vers l'intérieur qui s'ouvre au niveau de l'utérus. Il est tonique, et dirigé vers l'arrière du vagin. Il ferme la cavité utérine et évite les fausses couches et les accouchements prématurés. Pendant le travail, il s'effacera jusqu'à perdre sa longueur et se dilatera, ouvrant l'utérus et ne faisant plus obstacle à l'accouchement par voie naturelle.

« Est-il risqué de faire l'amour quand il peut y avoir accouchement prématuré ? »

Si la grossesse de votre compagne n'est pas arrivée à terme et que les examens montrent un risque important d'accouchement prématuré, le gynéco-obstétricien peut, pour diminuer les risques, vous proposer, par exemple, d'utiliser un préservatif. Pourquoi ? Le sperme contient des prostaglandines qui, sans suffire à elles seules à déclencher un accouchement (c'est pourquoi, dans la grande majorité des cas, on vous laissera libres d'avoir des relations sexuelles sans préservatif), y concourent. Faites-en un jeu, en souvenir des premiers moments de votre sexualité peut-être, quand ce drôle de machin vous était plus familier.

→ LE SAVIEZ-VOUS ?

Trois échographies de contrôle jalonnent le suivi d'une grossesse normale. Mais que se passe-t-il sur l'écran ?

PREMIÈRE : L'ÉCHOGRAPHIE DE « DATATION »

Quand ? Au terme de 12 semaines d'aménorrhée (le début des dernières règles).

Elle sert à quoi ? Mesurer la longueur cranio-caudale (la distance entre le sommet de la tête et le bas des fesses) pour dater le début de la grossesse à 3 ou 4 jours près ; vérifier la vitalité et le nombre d'embryons ; mesurer l'épaisseur de la nuque afin de rechercher une éventuelle anomalie chromosomique (dans plus de 90 % des cas, il n'y a rien !).

Qu'est-ce qu'on voit ? La tête, le profil, les membres, le ventre et les différents organes du fœtus (le médecin vous expliquera, on a du mal à distinguer un bras d'une jambe). Dans certains cas, le médecin peut déjà voir le sexe. Mais peut-être préférez-vous garder la surprise…

DEUXIÈME : L'ÉCHOGRAPHIE « MORPHOLOGIQUE »

Quand ? Entre la 20e et la 22e semaine d'aménorrhée.

Elle sert à quoi ? Contrôler dans le détail les organes, les membres et la tête. La croissance du fœtus est évaluée à l'aide de différentes mesures (diamètre de la tête et de l'abdomen, taille du fémur). Les retards possibles sont ainsi détectés et pris en charge. Grâce à un examen appelé le « doppler », on s'assure de la qualité des échanges sanguins véhiculant l'oxygène et les nutriments entre la mère et l'enfant par l'intermédiaire du placenta, du cordon et du liquide amniotique.

Qu'est-ce qu'on voit ? Les gestes du bébé (il porte la main à sa bouche, remue ses pieds). On distingue clairement son sexe, mais on ne voit plus le bébé en entier (il est trop grand).

TROISIÈME : L'ÉCHOGRAPHIE DE « CROISSANCE FŒTALE »

Quand ? Entre 31 et 33 semaines d'aménorrhée.

Elle sert à quoi ? Surveiller la croissance du bébé, observer ses organes et mesurer la vitesse de circulation du sang dans le cordon et dans le cerveau. On s'assure qu'il déglutit bien (et donc qu'il respire bien). On observe la position du placenta et la présentation du bébé (en principe, le bébé doit se présenter la tête en bas).

Qu'est-ce qu'on voit ? Le dernier rendez-vous « virtuel » avec votre enfant. La quantité de liquide amniotique est moins importante à ce stade de la grossesse, la silhouette du bébé est plus difficile à voir, car ses membres sont repliés.

« Comment se passe vraiment une échographie ? »

Voir son bébé au cours de la grossesse, même sur un écran d'ordinateur perché à deux mètres au-dessus de vous, est un moment magique !

Bien que l'échographie ne soit pas une photo de votre futur enfant, deviner ses petits orteils ou le voir sucer son pouce est un moment inoubliable. Un gel est étalé sur la peau du ventre de la maman pour que les ultrasons de la sonde (ressemblant à un stylo) soient mieux transmis. Celle-ci est déplacée sur le ventre et envoie une onde, qui est renvoyée par le fœtus sous la forme d'un écho. Ce signal retransmet en direct une image. Le médecin peut demander à votre compagne de changer de position au cours de l'examen, pour mieux voir le fœtus sous toutes les coutures. Ne vous formalisez pas si vous ne sentez pas une grande chaleur humaine pendant cet examen. Ce qui n'est qu'un moment magique pour vous est un moment grave pour le médecin : l'échographie consiste pour lui à étudier la vitalité et le développement du fœtus, afin de surveiller le bon déroulement de la grossesse. Il calcule, évalue, mesure chaque organe pour dépister des anomalies ou malformations éventuelles (pouvant révéler une trisomie 21, par exemple). Alors ne tirez pas de conclusions dramatiques de ses froncements de sourcils et pincements de lèvres ! Il est dans son truc, laissez-le faire son travail.

VOTRE PREMIÈRE RENCONTRE AVEC « LUI »

PREMIÈRE ÉCHOGRAPHIE

DEUXIÈME ÉCHOGRAPHIE

TROISIÈME ÉCHOGRAPHIE

(Écrivez ici vos impressions, vos émotions, et collez le cliché des échographies en souvenir.)

→ QU'EST-CE QUE L'AMNIOCENTÈSE ?

L'amniocentèse est un examen qui concerne 5 à 10 % des femmes enceintes mais que toutes redoutent. Elle consiste à prélever stérilement du liquide amniotique pendant la grossesse. L'objectif est de réaliser un caryotype (la carte génétique), c'est-à-dire de compter et d'analyser les chromosomes fœtaux, ce qui permet notamment de dépister la trisomie 21. On peut également détecter d'autres anomalies dans le caryotype, sans pour autant établir un pronostic définitif sur la santé à venir de l'enfant. Enfin, on peut découvrir d'autres maladies génétiques, comme celles du métabolisme.

« Dans quelle mesure prescrit-on une amniocentèse ? »

Avant de prescrire une amniocentèse, il est nécessaire de calculer les risques d'avoir un enfant anormal. Pour l'établir, trois éléments comptent :

1. l'âge de votre compagne (plus la future maman a un âge avancé, plus les risques d'avoir un enfant trisomique sont importants),
2. l'échographie du premier trimestre (qui permet notamment de mesurer la nuque du bébé, car lorsqu'elle est épaisse, les risques sont plus importants),
3. le résultat de la prise de sang, qui détermine un seuil de risque d'avoir un enfant trisomique (en fonction de ce seuil, l'amniocentèse sera recommandée ou non). Cet examen est également recommandé lorsque la femme enceinte contracte une maladie comme la toxoplasmose, qui peut infecter le liquide amniotique et provoquer des malformations chez le fœtus.

« Ça se passe comment, concrètement, une amniocentèse ? »

En général, cet examen se pratique en chambre stérile, à l'hôpital (plus rarement en cabinet). Le gynécologue-obstétricien utilise une aiguille longue et fine avec laquelle il pique le ventre jusqu'au liquide amniotique. Puis il aspire un peu de ce liquide : le niveau de douleur est le même que pour une piqûre et ce geste ne nécessite aucune anesthésie. Le praticien doit toutefois faire très attention à ne pas toucher le bébé ni le cordon, mais aussi à ne pas traverser le placenta.

C'est pourquoi il faut attendre que le bébé et le placenta soient bien positionnés. Dans le cas contraire, l'examen peut être repoussé. Le prélèvement demande quelques minutes seulement. La future maman peut ensuite rentrer chez elle : on lui conseille de se reposer ce jour-là sans pour autant rester couchée. L'opération suivante consiste à séparer les cellules fœtales du liquide amniotique. Elles sont ensuite mises en culture le temps de se multiplier pour être analysées. Les généticiens établissent ce que l'on appelle le caryotype (la carte d'identité des chromosomes du fœtus). Celui-ci est constitué de 23 paires de chromosomes. La trisomie 21 se traduit par trois chromosomes au niveau de la 21e paire au lieu de deux, ce qui permet d'établir le diagnostic à coup sûr. On obtient les résultats au bout de dix à vingt jours.

« C'est vrai que le papa ressent parfois les mêmes symptômes que sa femme pendant la grossesse ? »

La « couvade » du père, c'est-à-dire sa grossesse symbolique, n'est pas fréquente, mais elle existe. Sans le savoir, certains hommes éprouvent un sentiment de frustration mêlé de jalousie parce qu'ils ne portent pas le bébé dans leur ventre, eux. Alors ils prennent plusieurs kilos pendant que leur femme s'arrondit. D'autres se font des entorses, des bobos à répétition, souffrent de maux de ventre, de crises de coliques néphrétiques. On raconte souvent l'histoire de cet homme qui s'est fait opérer d'une appendicite le jour de l'accouchement de sa femme, dans le même hôpital, à l'étage du dessus.

« Est-il préférable de connaître le sexe de l'enfant pour mieux préparer son arrivée ? »

Même si la majorité des parents (70 %) souhaitent connaître le sexe de leur bébé avant sa naissance, ce n'est pas une obligation, mais une décision personnelle. Si pour certains hommes, connaître le sexe de leur futur bébé les aide à mieux se préparer à la naissance et à son accueil, d'autres peuvent mal le vivre. En effet, cette information tend à limiter l'imaginaire. Les fantasmes que les parents construisent à partir de leur propre histoire s'en trouvent appauvris. Par ailleurs, la connaissance du sexe de l'enfant modifie les relations dans le couple. Elles deviennent précocement triangulaires. On donne déjà un nom au bébé et une identité à part entière. Il y a aussi le risque de déception, lorsqu'on souhaite par exemple avoir une fille ou qu'on est sûr de porter un garçon (toutefois, pratiquement toutes les mères surmontent cette déception si elles n'accouchent pas du bébé désiré). Il est donc important d'analyser ses motivations, ses craintes ou ses superstitions. Certains couples se font une joie d'apprendre que la famille comptera soit un petit garçon, soit une petite fille. D'autres refusent catégoriquement, ils veulent respecter leur bébé et ne font aucune différence entre les deux sexes. Parfois, l'un des parents veut savoir et l'autre pas. Dans ces conditions, afin d'éviter toute frustration, il est toujours préférable que celui qui souhaite disposer de cette information le demande discrètement à l'échographiste et, bien sûr, garde précieusement ce secret jusqu'à l'accouchement.

→ LE SAVIEZ-VOUS ?

43 % des pères disent s'être vraiment sentis devenir pères au moment de la naissance de leur enfant ; 25 % à l'annonce de la première grossesse de leur compagne ; 17 % lorsqu'ils ont assisté à la première échographie ; 7 % le jour de la sortie de la maternité ; 7 % plusieurs mois après la naissance du premier enfant.

Sources : CREDOC / IFOP / INSEE / CSA / CNRS / Francoscopie 2001

« Combien de kilos ma compagne est-elle susceptible de prendre au cours de sa grossesse ? »

Pour une morphologie « normale », la prise de poids doit se situer entre 9 et 13 kilos. Mais tout dépend, bien sûr, de la morphologie de la future maman et de son poids de départ. L'important étant de favoriser, par une alimentation équilibrée, le bon développement du fœtus. Et d'éviter un surpoids qui peut s'avérer préjudiciable pour la future maman (risques d'hypertension, de toxémie gravidique, de diabète…) comme pour le bébé à naître.

« Ma femme ne porte plus son alliance. Je n'ose pas lui demander pourquoi. A-t-elle besoin de se concentrer sur le bébé ? »

Dans l'eau ! C'est simplement qu'elle anticipe en prévision d'un gonflement tout naturel de ses doigts qui rendrait douloureux le port de cette alliance ou d'une autre bague. L'œdème, vous en avez entendu parler ?

MON TRUC EN PLUS

Éric, 34 ans, papa de Tina, 5 mois.

« Au début de la grossesse, je ne trouvais pas ma place. Alors je me disais sans cesse "sans moi, point de bébé" ! Je lui ai donné 50 % de son patrimoine génétique après tout, exactement comme sa maman. C'est aussi cette moitié qui fera de lui un garçon ou une fille. Et ma compagne me rassurait en m'expliquant que cette grossesse serait tellement plus difficile à vivre seule, sans moi. Tout cela m'a aidé à trouver peu à peu ma place. »

« Les amis ont une fâcheuse tendance à toucher le ventre de ma femme à tout bout de champ. Puis-je dire que je déteste ça ? »

À quelques temps de l'accouchement, votre entourage proche peut désirer toucher le ventre de la future maman en pensant porter bonheur au petit bonhomme qui se cache à l'intérieur. Les seules personnes qui ne s'autoriseront pas ce geste sont celles qui vous en demanderont la permission, comme si vous en étiez l'unique propriétaire ! Ne croyez pas qu'il soit impossible de dire non à ce geste apparemment amical : vous en avez parfaitement le droit et ne devez en aucun cas justifier votre refus ou alléguer quoi que ce soit de diplomatique. Dites simplement que cela vous gêne. Sauf bien sûr si la maman y trouve une réelle satisfaction. Dans ce cas, prenez votre mal en patience.

« À partir de quand peut-on connaître le sexe d'un bébé ? »

Le moment clé, c'est la seconde échographie, vers la 22e semaine d'aménorrhée. Avant, inutile de penser repeindre sa chambre en bleu ou en rose, vous ne saurez rien ! Mais même à la deuxième échographie, il y a incertitude. L'incertitude provient le plus souvent de la position du bébé, favorable ou non à la vision du zizi à ce moment précis. Lors de cet examen (l'échographie morphologique) est analysée en détail chaque partie du fœtus en insistant tout particulièrement sur le cœur, l'appareil urinaire, le cerveau, les membres (dont les doigts sont comptés), la colonne vertébrale, la face et éventuellement le sexe quand le bébé le veut bien. En effet, la recherche du sexe n'est pas systématique puisqu'elle n'est pas utile à la prise en charge médicale de la grossesse.

Il est donc nécessaire de préciser votre souhait dès le début de l'examen, et cela, même si vous ne voulez pas savoir, afin d'éviter les gaffes…

→ DES PAPAS TELLEMENT CRAQUANTS !

Les femmes « fondent » purement et simplement devant le futur papa de leur enfant :

- Lorsqu'il se lance dans des explications tarabiscotées pseudo-médicales, juste pour montrer qu'il a lu un début de chapitre sur le rôle du liquide amniotique, ou l'haptonomie.
- Lorsqu'il s'empiffre de glace au chocolat autant qu'elle juste pour lui éviter de culpabiliser toute seule après.
- Lorsqu'il change son parfum boisé et épicé pour une eau fraîche, vu que son odorat est totalement chamboulé.
- Lorsqu'il se lance avec toute sa bonne volonté dans les achats de puériculture, guides d'achat sous le bras, et qu'il demande à la vendeuse : « Où peut-on trouver les turbulettes, s'il vous plaît ? »
- Lorsqu'il s'émeut devant les minuscules pyjamas.
- Lorsqu'il se met à défendre avec fougue nos droits de femmes enceintes prioritaires aux caisses du supermarché du coin.
- Lorsqu'il lance : « Non, tu n'as pas pris que du ventre ! » ou « Mais si, tu peux en prendre deux fois, de la crème au chocolat : tu n'as presque rien mangé ! »

« À partir de quand puis-je sentir le bébé bouger dans le ventre de ma chérie ? »

La maman doit généralement attendre le 5e mois pour percevoir les premiers mouvements du bébé si c'est son premier enfant, un mois de moins aux grossesses suivantes. Au départ, ils sont très légers et font penser à des petites bulles qui éclatent dans le ventre. Peu à peu, les membres du bébé s'allongent, sa tête devient mobile… et la maman le sent. Mais vous, papa, ne sentirez votre enfant bouger dans le ventre de votre compagne qu'en fin de deuxième trimestre. Les moments de calme, quand la future maman se détend ou qu'elle s'endort, sont favorables aux ébattements du pitchoun. Il déplie les bras et les jambes.

Ce ne sont au départ que des réflexes mais, au fil du temps, le fœtus maîtrise de mieux en mieux ses mouvements. Soyez patient si vous l'avez senti bouger une fois, puis plus rien ! Le coquin peut décider de ne plus bouger lorsque, appelé par votre compagne, vous posez vos mains sur son ventre, ou bien se manifester à un endroit différent.

Patience ! Ne bougez pas votre main, il finira par se manifester là où elle est. Surtout, ne pensez pas qu'il vous rejette ou qu'il le fait exprès, il ne sait même pas ce que cela veut dire. Et ça ne signifie pas non plus qu'il n'ira pas vers vous une fois né.

« Est-ce que l'haptonomie peut m'aider à créer une relation avec mon bébé ? »

L'haptonomie offre effectivement aux parents la possibilité d'établir un réel contact avec leur bébé, de jouer et de dialoguer avec lui bien avant sa naissance. Il s'agit d'apprendre au fur et à mesure des séances le langage et les gestes adaptés à cet échange. Concentrer son attention sur l'enfant en positionnant ses mains de telle façon qu'il va répondre aux différentes pressions, onduler et se déplacer doucement. C'est une sensation qui est bien différente de celle que l'on peut ressentir habituellement. La préparation est très utile pour le papa qui va plus facilement trouver sa place auprès du bébé pendant la grossesse, puis au moment de sa naissance. Le papa découvre aussi comment le toucher peut soulager sa compagne et la détendre. Il exerce de douces pressions qui parviennent à modifier le tonus musculaire de la future maman et contribuent au relâchement de tous ses muscles, y compris ceux du périnée et de l'utérus. Le jour de l'accouchement, les deux parents pourront ainsi participer activement à la naissance de leur enfant, la maman en guidant progressivement son bébé vers l'air libre, le papa en soulageant sa compagne par des gestes précis et en l'aidant à rester en contact avec le bébé qui va naître…

→ JE FAIS MON INTÉRESSANT !

PLONGÉE DANS LE LIQUIDE AMNIOTIQUE

Ce liquide clair et stérile dans lequel baigne le fœtus durant la grossesse est un vrai lieu d'échange et de vie. Non seulement il permet au bébé de bouger facilement, mais il amortit les chocs ; il permet aussi la captation des différents goûts, odorat et sons, assure l'hydratation fœtale avec l'eau et les sels minéraux qu'il contient et maintient autour du fœtus une température constante de 37 °C, une des conditions essentielles à sa bonne croissance. Composé de 96,4 % d'eau, le liquide amniotique contient des sels minéraux, des acides aminés, des enzymes, des protéines... On peut même y déceler la présence de poils ! Le liquide est avalé par le fœtus, filtré, puis éliminé par ses urines, ce qui lui permet d'être perpétuellement renouvelé.

Le volume augmente en même temps que le poids du fœtus ; de 20 ml à la 7e semaine d'aménorrhée à 1 litre entre à la 36e semaine, puis diminue et se stabilise à 800 ml à la 40e semaine.

« J'ai très peur que ma compagne fasse une fausse couche. Est-ce très fréquent ? »

La fausse couche est probablement, avec les malformations éventuelles, la crainte la plus importante chez les futurs parents. 75 % d'entre elles ont lieu au cours du premier trimestre de la grossesse. Voilà pourquoi il vaut mieux attendre avant de crier sur les toits que vous allez être papa dans 8 mois et demi ! Si elles concernent 15 à 25 % des femmes, la plupart des fausses couches sont inexpliquées, elles résultent d'une conjonction de facteurs biologiques, infectieux et psychologiques (contrairement aux idées reçues, les conséquences de la fatigue et du stress n'ont pas été prouvées). Si le sentiment de culpabilité est presque inévitable (les femmes se reprochent de ne pas avoir su mener leur grossesse à terme), vous avez un grand rôle à jouer pour la rassurer. D'un point de vue strictement médical, dites-vous bien que l'événement est banal, sans gravité et ne compromet que rarement le succès des grossesses futures.

« Nous adorons parler au bébé et nous lui donnons un petit nom. Est-ce une bonne chose ? »

Vous suivez l'évolution du fœtus avec passion, vous faites des projets avec lui et sa maman, vous vous projetez dans le futur avec lui. Inventer un surnom, l'appeler « pamplemousse », « cacahouète » ou « p'tit Gérard » vous permet de rendre plus concrète la présence encore un peu abstraite de ce bébé, ce qui est encore plus vrai si vous ne souhaitez pas connaître son sexe.

→ QUE SE PASSE-T-IL PENDANT UNE VISITE DE GROSSESSE ?

Une consultation comprend toujours un examen général avec un interrogatoire, une pesée, une mesure de la pression artérielle. À la première consultation, on effectue aussi une auscultation cardio-pulmonaire, un examen des seins.

Ensuite, un examen obstétrical comprenant :

- une inspection de l'abdomen,
- une palpation abdominale (rechercher des contractions utérines, diagnostiquer la présentation du fœtus, apprécier le volume de liquide amniotique),
- une mesure de la hauteur utérine, du pubis au fond utérin, avec un mètre ruban pour estimer cliniquement la bonne croissance du fœtus,
- une auscultation des bruits du cœur fœtal,
- plus ou moins un examen au spéculum et un toucher vaginal.

Enfin, il doit être ménagé un temps d'échange, d'écoute, de conseils et d'accompagnement.

« On n'est pas d'accord sur le prénom. C'est grave, docteur ? »

Les batailles sur les prénoms, c'est courant. Normal, un prénom, c'est riche en associations, ça nous renvoie à des livres ou des films qu'on a aimés (Louise pour Thelma et...), des rencontres (Helena, notre ex), notre famille (Léon, le grand-oncle aventurier). Bref, c'est de l'histoire perso et, dans un couple, on n'a pas forcément la même. « Ah bon, Helena, t'aimes pas ? » On déblaye le terrain. On questionne sa compagne sur ses associations et on lui parle des nôtres. Pour vous, Jacinthe, c'est votre mamie chérie. Pour elle, c'est « Jacinthe Pichon », son instit de CE2 totalement psychorigide. On s'écoute, on respecte, ça permet de squeezer certains prénoms. Le système des listes est à exploiter.

Chacun établit de son côté une liste de six à huit prénoms. Chacun barre ceux qu'il n'aime vraiment pas, en en laissant au moins deux. Ensuite, il faut débattre et argumenter, puis enfin choisir avant le jour de la déclaration à l'état civil. L'accouchement sert souvent de déclic. Bébé a désormais un visage, voire un soupçon de caractère... Un prénom va s'imposer de lui-même et l'on va peut-être réaliser qu'Helena, c'est joli, mais ça ne lui va pas du tout... Après, vous aurez 3 jours maxi avant la déclaration d'état civil.

→ LE MYSTÈRE DE SES ENVIES FARFELUES

La cause des envies durant la grossesse n'a jamais encore été entièrement établie. Mais une théorie considère que le corps est naturellement conscient de ses besoins nutritionnels. Les envies des femmes enceintes serviraient donc à les satisfaire. Pendant la grossesse, ce phénomène pourrait être amplifié, en raison notamment des changements hormonaux, susceptibles d'engendrer certaines envies alimentaires bizarres. Au cours de cette période, l'organisme consume plus rapidement certains apports et se retrouve parfois en état de manque. Les carences en fer ou en calcium créent de nouveaux besoins nutritifs. Pas étonnant qu'une femme enceinte ait envie de viande rouge, de légumes riches en fer ou de laitages. Certaines odeurs, au contraire, la dégoûtent, parce qu'elles lui évoquent des mets indigestes : les lubies alimentaires sont donc souvent l'expression de besoins physiologiques. En fin de grossesse la cause des envies est plutôt psychologique. Elle réside parfois dans le besoin qu'a la future mère de se sentir aimée et chouchoutée. Par ailleurs, attendre un bébé implique de renoncer à ne s'occuper que de soi-même. Les envies impératives sont une façon de repousser l'échéance, en se faisant dorloter comme une princesse.

Attendrissant, non ?

« On m'a dit qu'il était possible de créer des contractions de l'utérus en faisant l'amour. C'est exact ? »

Effectivement, au cours de l'acte sexuel, lors de l'orgasme, l'utérus a de petites contractions. Il ne faut donc pas vous inquiéter si à ce moment-là, le ventre de votre partenaire devient tout dur. En dehors de la grossesse, l'utérus fait la même chose, sauf qu'elle ne le sent pas car il est alors tout petit. Attention ! Ces contractions n'ont rien à voir avec les contractions de travail, elles sont naturelles et ne doivent pas vous empêcher de faire des câlins comme bon vous semble.

« J'ai peur de faire mal au bébé quand on fait l'amour. C'est possible ? »

Certains hommes ont peur de transpercer la poche des eaux ou de blesser leur futur bébé. D'où une certaine culpabilité, car ils n'acceptent pas de se faire du bien en pensant faire du mal ! Ils se demandent aussi comment faire l'amour à leur femme sans le faire au bébé… Les fantasmes d'inceste sont nombreux. À ce stade, ce n'est pas le ventre qui dérange mais bel et bien la présence de l'enfant à naître qui peut entraîner des inhibitions sexuelles ou même une impuissance. Et si le bébé, doué, comme chacun sait, de compétences exceptionnelles, écoutait aux portes ? En réalité, le fœtus est bien à l'abri à l'intérieur du sac amniotique dans l'utérus. Un bouchon muqueux situé au niveau du col de l'utérus le sépare de la cavité vaginale. S'il est vrai que la présence de l'enfant peut déranger le futur papa vers le cinquième mois (le fœtus commence alors à bouger, parfois au cours des rapports sexuels), ces peurs sont fréquentes et l'occasion d'exprimer les angoisses suscitées par l'événement que constitue la grossesse.

« Lors d'un cours de préparation à l'accouchement auquel j'ai assisté, j'ai entendu parlé du bouchon muqueux. C'est quoi ce machin ? »

Oui, je sais, vous parler de ce truc glaireux, sanguinolent, ce n'est pas ce qu'il y a de plus glamour dans la grossesse. Mais mieux vaut tout savoir. Le bouchon muqueux est une accumulation de glaires qui forme une barrière protectrice au niveau du col de l'utérus pour tenir à distance les méchantes bactéries. C'est vrai que la perte du bouchon muqueux peut être impressionnante, mais elle est tout à fait inoffensive. Elle n'est surtout pas forcément synonyme d'un départ précipité à la maternité. Ça signifie que le col de votre chérie commence à s'ouvrir. Le grand jour ne va pas tarder !

→ SEXE ET GROSSESSE

Les positions varient autant que vous le pouvez et le voulez. Ce n'est que vers la fin de la grossesse que cela se complique du fait de la place que prend le ventre. C'est à vous d'être inventif pour continuer à faire des câlins tout en douceur malgré les rondeurs :

« La position du missionnaire » devient vite désagréable, sauf tant que vous pouvez, en portant votre poids sur vos avant-bras ou sur vos bras, ne pas appuyer sur les seins de votre partenaire (quelquefois, il faut même éviter de simplement les toucher). Pour ne pas risquer de faire mal, autant ne pas se mettre au-dessus : elle, allongée sur le dos plie les jambes ; vous (allongé sur le côté perpendiculairement à elle) glissez votre bassin sous elle afin de vous placer pour la pénétration. Courbez le buste afin de vous rapprocher et de pouvoir caresser son corps.

Cependant, au bout de quelques mois, certaines femmes ne peuvent pas rester allongées sur le dos sans être très gênées.

Sur le côté, la position est celle des « petites cuillères » où l'homme est allongé dans le dos de la femme, qui se niche donc contre lui. L'utérus alourdi par le bébé ne pèse pas sur l'estomac, vous êtes libre de vos caresses, mais, bien sûr, l'inconvénient de cette position persiste, et la partenaire ne peut elle-même ni vous caresser ni vous enlacer. Il en est de même quand elle est à quatre pattes. Toutefois, l'absence de douleur du dos et la position plus favorable du vagin rendent cette position très désirable.

→ C'EST QU'ÇA BOUFFE CES BESTIOLES !

Au sein ou au biberon, nourrir un bébé coûte cher. Démonstration.

Si votre compagne allaite...

Elle aura besoin d'un soutien-gorge d'allaitement (environ 25 €), de compresses d'allaitement jetables (7 € la boîte) ou de coussinets d'allaitement (environ 10 €). Vous pouvez aussi vous munir d'un coussin d'allaitement (de 15 € à 50 €) pour son confort et d'un tire-lait (de 20 € à 60 €).

Si Bébé boit son lait au biberon...

L'idéal, c'est d'en avoir six à la maison et de faire de la place dans la cuisine. C'est vrai, deux pourraient suffire, mais vous seriez obligés de les laver et les stériliser plusieurs fois par jour... À vous de voir ! Un conseil : optez directement pour des biberons de 320 ml, même s'ils peuvent vous paraître un peu grands au début. Ceux de 150 ml (un ou deux suffisent) servent plutôt pour l'eau ou les jus de fruits. En plastique, ils sont légers et incassables, mais se ternissent rapidement par rapport aux biberons en verre.

Du côté des tétines...

C'est souvent un casse-tête au moment du choix : en caoutchouc (marron), elles sont douces et bien molles pour la bouche de bébé, mais après quelques semaines de stérilisation à chaud, elles s'abîment. En silicone (transparentes), elles sont increvables, très hygiéniques (la poussière n'y adhère pas), mais plus raides et plus chères. Et puis, il y a les formes traditionnelles et les formes dites « physiologiques », conçues pour projeter le lait contre le palais de bébé pour l'empêcher de boire trop vite. Si vous optez pour les tétines classiques, choisissez un modèle 1er âge à débit variable. Vous pourrez ainsi tourner le biberon pour ouvrir plus ou moins l'arrivée de lait, selon son appétit. Comptez entre 3 € et 6 € pour le biberon de 320 ml, et 2,50 € à 4,50 € celui de 150 ml, tétines comprises. Une dernière chose pour vous simplifier la vie : munissez-vous d'un goupillon (1,50 € à 5 €) indispensable pour nettoyer vos bib' en un tour de main !

Question stérilisation...

Un stérilisateur (de 20 € à 100 €) conviendra parfaitement aux adeptes de la stérilisation à chaud, qui peuvent aussi faire bouillir leurs biberons dans une casserole d'eau. Ceux qui pencheraient plutôt pour la stérilisation à froid, plus pratique et plus économique (eh oui, pas de prise !), auront juste besoin d'un bac spécial (20 € à 30 €), d'eau du robinet et de pastilles stérilisantes (de 4 € à 8 €).

Et la chaise haute ?

Pour faire manger bébé, rien de mieux que de l'installer dans une chaise haute... mais pas avant qu'il s'assoie bien tout seul ! Vous avez donc un peu de temps pour y penser... Les chaises en bois (de 50 € à 80 €) nécessitent un coussin spécial (10 € à 20 €), rembourré pour le confort de Bébé. Il existe aussi des modèles plus élaborés, pliables et réglables en hauteur et dotés d'une grande tablette (130 € à 160 €).

Pour l'eau et le lait...

C'est un budget non négligeable ! Bien sûr, le prix du lait varie aussi selon les marques, de 15 € à 20 € la boîte de 900 g. Pour l'eau minérale, mieux vaut prévoir au début une bouteille tous les deux jours, puis une par jour (0,15 € à 0,50 €). Surtout, vérifiez que l'étiquette indique bien la mention « recommandée pour les biberons ».

MATÉRIEL

Total (si allaitement) : de 67 € à 145 €.

Total (si biberon) : de 146,50 € à 470 € pour le matériel, dont 61,50 € à 210 € dès la sortie de la maternité (la chaise haute et le mixeur peuvent attendre).

NOURRITURE

Lait : 45 € à 57 € par mois.

Eau : 2,25 € à 7,50 € pour le premier mois, le double ensuite ; soit un total de 47,25 € à 64,50 € par mois, puis de 49,50 € à 72 €.

MON TRUC EN PLUS

Guillaume, 37 ans, papa d'Henrik, 11 mois.

« Nous avons déposé une liste de naissance dans un magasin de puériculture. Du coup, non seulement nous avons reçu exactement ce dont nous avions besoin (merci les économies), mais les proches et les amis n'ont pas eu à se creuser la tête pour savoir quel cadeau apporter à la maternité ou à la maison. »

« Ma compagne commence à être très essoufflée. Est-ce que je dois m'inquiéter ? »

Elle n'a pas encore pris énormément de poids et elle est parfois à bout de souffle... Pas d'inquiétude, tout est normal ! Cet essoufflement s'explique simplement par une compression au niveau de la cage thoracique due au grossissement de l'utérus qui repousse le diaphragme vers le haut. D'où une perte d'amplitude respiratoire. Par ailleurs, il y a un phénomène d'hyperventilation, votre compagne respirant pour deux et emmagasinant ainsi près de 15 % d'air supplémentaire.

Parfois, si vous l'entendez respirer très fort, c'est qu'elle travaille pour le fœtus : ça fait baisser son taux de gaz carbonique !

→ COMMENT L'AIDER À SOULAGER SES NAUSÉES ?

Une femme enceinte sur deux souffre de nausées. En général, elles apparaissent dès le début de la grossesse, surtout le matin, puis elles s'éclipsent après la douzième semaine. Les spécialistes n'en connaissent ni les mécanismes, ni les causes. Voilà quelques conseils qui pourraient bien vous aider à soulager la grossesse de votre compagne. Soyez-en sûr, elle vous en remerciera !

- Au réveil, servez-lui un grand verre d'eau pour éviter le creux responsable des haut-le-cœur.
- Faites-lui boire des jus de fruits sucrés ou des sodas rendus non pétillants le matin.
- Conseillez-lui d'oublier les repas copieux, préparez-lui cinq ou six collations par jour.
- Faites en sorte qu'elle ait une alimentation riche en hydrates de carbone : toasts, miel, bananes, pommes de terre cuites, muesli (ou d'autres céréales complètes pour le petit déjeuner), riz, pâtes...
- Préparez-lui de temps en temps un thé à la menthe.
- Aérez le plus souvent possible votre cuisine pour éviter la diffusion des odeurs parfois incommodantes.
- Évitez-lui de fumer, de boire de l'alcool, et limitez la consommation de café au cours du premier trimestre.
- Faites la cuisine et les courses à sa place si possible.
- Essayez ce remède de grand-mère : absorber une cuillerée de miel dès les premiers signes de nausée.

Un dernier conseil, qui ne la soulagera pas mais qui vous évitera de vous faire envoyer balader : si elle est pâlichonne ou enfermée dans la salle de bains, évitez de lancer l'habituel « Qu'est-ce qu'on mange ? »

Parce que dans ce contexte-là, ça ne passe pas du tout !

MON TRUC EN PLUS

David, 37 ans, papa d'Andréa, 7 mois.

« J'ai vite compris que s'il était normal de vouloir protéger ma compagne, il était inutile de la surprotéger. J'ai admis que si elle était enceinte, elle n'était pas pour autant handicapée. Du coup, dès que je voulais faire quelque chose à sa place, je le faisais mais sans dire "ne fais pas ça, tu es enceinte". En la traitant comme une enfant alors qu'elle devenait mère, j'ai compris que j'étais à côté de la plaque. »

« Nous devons prendre l'avion. Est-ce dangereux pour ma femme qui est enceinte ? »

Non, en règle générale, voler en avion n'est pas dangereux pour une femme enceinte. La majorité des compagnies aériennes refuse d'embarquer les femmes après la 36e semaine de grossesse. C'est la norme, car les compagnies craignent un accouchement inopiné qui entraînerait un déroutage. Si votre compagne attend des jumeaux, la limite tombe à 28 semaines (toujours la règle générale). Votre compagne doit se munir d'un document de son médecin attestant son aptitude à prendre l'avion ; ce papier doit préciser la date prévue du terme. Vérifiez toujours les conditions de la compagnie avant de réserver votre billet, car elles peuvent différer d'une compagnie à une autre. EasyJet exige une attestation du médecin entre 28 et 35 semaines, et interdit l'embarquement d'une femme enceinte de 36 semaines et plus ; Air France autorise à voler même après la 36e semaine avec une attestation du médecin. Faites-vous préciser les conditions d'annulation.

→ COMME UN AVION SANS ELLE

Trucs et astuces pour voler sans stress :

- Choisir des vêtements amples et confortables.
- Porter des collants de contention pour faciliter la circulation sanguine.
- Se déplacer fréquemment. Pour cela, mieux vaut réserver une place côté couloir, pour pouvoir se lever plus facilement.
- Boire régulièrement, mais éviter les boissons gazeuses (ballonnements).
- Éviter les repas trop copieux.

- Attacher la ceinture de sécurité sous l'abdomen, dans la zone pelvienne (on peut glisser un coussin entre la sangle basse et le ventre).

« Un copain me dit que nous attendons un garçon car le ventre de ma copine est très pointu. C'est vrai ? »

Superstition ! Cette croyance populaire ne repose sur aucun fondement scientifique. La forme du ventre dépend de la constitution de chaque femme : une femme corpulente, aux hanches larges, aura un ventre plus proéminent alors que le ventre d'une femme à la structure osseuse étroite sortira davantage. La courbe qu'adopte le dos au fil de la grossesse joue un rôle aussi : si cette courbe est très marquée au niveau des lombaires, le ventre aura tendance à se projeter très en avant et semblera pointu.

« À quoi attribuer ses sautes d'humeur incessantes ? »

Durant la grossesse, la future maman traverse des moments de joie intense et de véritable déprime. L'une des premières causes invoquée est le taux hormonal de la femme enceinte, qui peut influer sur l'humeur et favoriser des changements émotionnels très différenciés.

Mais les hormones n'expliquent pas tout. Il y a, en réalité, une combinaison de facteurs biologiques, physiques et psychologiques. La femme enceinte est ultrasensible car elle se sent plus vulnérable, à cause de son état, au point d'en avoir les larmes aux yeux. Elle perçoit qu'elle n'est plus tout à fait la même, avec un corps qui se transforme.

Plus tard, elle s'interroge sur le monde qui l'entoure et où va naître son enfant. À cela viennent s'ajouter des crises d'angoisse passagères et de doute, sur son état, la santé du fœtus, et le fait de devenir maman, sans oublier les craintes de l'accouchement, lorsqu'il s'agit du premier enfant, ou encore la peur de ne pas être une bonne mère. Parallèlement, l'alourdissement de sa silhouette, accompagné de certains maux physiques, peut apporter son lot de contrariétés et d'appréhensions diverses ; la fatigue accumulée, pendant la grossesse, peut également entraîner une certaine mélancolie et des troubles du sommeil.

« Comment gérer les sautes d'humeur de ma compagne ? »

Elle adorait le jambon, elle déteste ça. Le bleu était sa couleur préférée, elle ne veut plus en voir dans l'appartement. Elle ne supporte plus l'odeur du cuir et vous le dit violemment, un soir, devant la télé. Soyez compréhensif, et essayez de prendre les devants en tentant de l'aider à supporter les petits maux de la grossesse, y compris les nausées et la fatigue. Évitez de lui demander « Qu'est-ce qu'on mange ce soir ? » et cuisinez vous-même. Évitez aussi de lui faire faire les courses, certains rayons « sentent » trop pour elle en ce moment. Faites-lui savoir que vous n'attendez pas d'elle qu'elle continue à faire tout ce qu'elle faisait avant, et considérez le premier trimestre de la grossesse comme une période d'adaptation. Elle sera probablement bien plus stable sur le plan émotionnel une fois le deuxième trimestre entamé, et son corps sera bien mieux adapté à son état de future maman que ce qu'il ne peut l'être au début. En plus d'être à son écoute, prenez les choses en main : en fait, ce que veut cette future maman au plus profond d'elle-même, c'est vérifier si vous serez un père actif.

« Ma femme va accoucher dans une maternité de type 3. Est-elle plus en sécurité ? »

Les maternités en France sont classées en fonction de leur spécialisation. Sachez que quand on parle de maternités de type 1, 2 ou 3, c'est une classification pédiatrique, pas obstétrique. Ce qui signifie que chaque maternité de France dispose de l'équipement nécessaire pour prendre en charge un nouveau-né à la naissance, même s'il devait y avoir recours à la réanimation ! C'est dans la suite du suivi pédiatrique que toutes les maternités ne sont pas équipées pareillement. Mais ne croyez pas que cette classification signifie que certaines sont plus compétentes que d'autres, que les sages-femmes sont plus nombreuses en niveau 3 ou que les salles de naissance sont du dernier cri décorées par Starck ou équipées par la NASA. Alors s'inscrire dans un établissement de niveau 3 alors qu'on vit une grossesse normale, c'est non seulement une bêtise, mais une erreur : votre compagne risque tout bêtement de se retrouver très médicalisée, entourée de tubes et d'électrodes, et laissée pour compte car les sages-femmes se concentreront sur les cas difficiles. Si votre femme ne souffre d'aucune pathologie particulière, il est plus sage que vous alliez dans un établissement de niveau 1 (ou 2 si ça vous rassure), sachant qu'en cas de problème, elle sera transférée dans la maternité adéquate. Rassuré ?

« Ma mère nous conseille de choisir une clinique privée en priorité pour l'accouchement. Est-ce vraiment mieux ? »

Le service est personnalisé, on vous connaît, on s'adapte. Normal, vous payez pour. C'est votre gynécologue-obstétricien qui mettra au monde votre bébé. Vous choisirez peut-être en outre de faire appel à une sagefemme libérale pour vous aider. Les chambres ? Doubles, simples, top luxe… Au choix. En général, c'est plutôt confortable. Les horaires de visite sont souvent très souples. Enfin, la durée du séjour sera adaptée à l'état réel de la toute jeune maman, à savoir cinq jours en moyenne quand tout se passe bien. Des inconvénients, il y en a aussi. D'abord, ça coûte cher. La plupart des cliniques étant conventionnées (attention à celles qui ne le sont pas), la Sécurité sociale et votre assurance santé complémentaire prennent en charge le forfait journalier, mais gare aux dépassements d'honoraires des praticiens (obstétricien, pédiatre et anesthésiste) et au coût souvent vertigineux de la chambre individuelle. Cassez votre tirelire : l'addition peut être salée et il peut rester jusqu'à 1 500 € à votre charge. Autre inconvénient : le plateau technique n'est pas toujours au top. Renseignez-vous sur l'hôpital dans lequel seront transférés maman et bébé en cas de problème.

→ 10 QUESTIONS À POSER AVANT DE CHOISIR SA MATERNITÉ

- Quel est le niveau de la maternité (1, 2 ou 3 – sachant que l'immense majorité des grossesses ne nécessitent pas d'établissement supérieur à ceux de niveau 1) ?
- La maternité en question dispose-t-elle d'un plateau de réanimation néonatale ?
- En cas de souci, dans quel établissement hospitalier le bébé est-il transféré ? Et la mère ?
- Le monitorage est-il posé en continu ou par intermittence (essentiel au moment du travail, le mode intermittent permettant à la maman de se lever et de trouver seule la position qui soulage les contractions).
- Peut-on bénéficier d'une péridurale à tout moment ?
- Les césariennes sont-elles pratiquées sous péridurale ?
- Les chambres sont-elles individuelles ?

- Quelle est la durée du séjour ?
- Quelles sont les méthodes de préparation à l'accouchement proposées ?
- Les horaires de visite sont-ils flexibles ?

« Comment gérer cette ambiance très médicale qui me fait presque plus peur que l'accouchement lui-même ? »

Évidemment, il y a toutes ces blouses blanches ou vertes et cet équipement de pointe qui vous rappellent tour à tour votre opération de l'appendicite à 7 ans et demi ou un épisode d'*Urgences* de la saison 3 ou 4. Et pour celui qui n'aime pas l'hôpital, ça n'aide pas. Vous pouvez toujours découvrir cette salle de travail, qui vous fait froid dans le dos, goûter son ambiance, vous familiariser avec elle, avant le jour J. Dans le cadre de certaines préparations à l'accouchement, vous avez la possibilité de visiter les lieux, en couple. Mais pour de fausses raisons d'hygiène, c'est de moins en moins vrai. Alors, il faut y aller au culot : faites votre VRP en goguette, sonnez, et dites : « Tels que vous nous voyez là, on sort de consultation et l'on voudrait voir une salle de travail. » Si vous demandez gentiment (sans critiquer le vert rainette très seyant des blouses), si ce n'est pas le rush, et si toutes les salles ne sont pas occupées, il n'y a pas de raison pour que vous essuyiez un refus. En revanche, inutile de téléphoner préalablement, ce sera « Niet » à tous les coups !

→ QUAND FAUT-IL CONSULTER EN URGENCE ?

En plus des consultations mensuelles, il est bon de consulter en plus si :

- les mouvements actifs du bébé ont diminué ;
- beaucoup de contractions utérines sont présentes ;
- un saignement vaginal ou un écoulement liquidien apparaît ;
- une fièvre survient, de plus si elle s'accompagne de frissons, sueurs, céphalées, douleurs ;
- des signes d'hypertension apparaissent comme des maux de tête, des troubles visuels, des bourdonnements d'oreille, une barre épigastrique ;
- des signes fonctionnels d'infection urinaire existent.

« Ça peut vraiment arriver de rater le "grand rendez-vous" ? »

Dans vos cauchemars ou dans les mauvais films, oui. Un « travail », c'est long, c'est tranquille. On n'accouche pas en une heure (pas moins de dix à douze heures pour une femme primipare – dont c'est le premier enfant ; la moitié de ce temps est passée à la maison, l'autre moitié à la maternité). De toute façon, depuis que votre compagne approche du terme, on voit bien que vous êtes à l'affût, que vous ne vous éloignez pas de plus de 3 km de la maison. Vous scrutez la circulation sur le périphérique pour repérer la route que vous allez emprunter. Et Elle, vous pouvez lui faire confiance, Elle sait ce qui se passe. Le signal de départ, il vient d'Elle, c'est son coup de fil. Même si vous êtes au bureau, vous avez largement le temps de revenir chez vous, et même, une fois arrivé, de prendre du temps à la maison avec votre compagne, pour vous relaxer, manger un morceau, la cajoler.

« Je me sens démuni... Qu'attend-elle de moi, au juste, à ce moment-là ? »

Votre simple présence la rassure. En étant là, vous créez autour d'Elle un climat de calme, de douceur et de patience. C'est tout ce que vous avez à faire. N'imaginez pas autre chose : des gestes techniques, des choses folles ou compliquées... Non. Votre présence suffit. Éventuellement, faites-lui couler un bain chaud dans lequel Elle pourra se détendre.

→ JE FAIS MON INTÉRESSANT !

Si vous voulez la bluffer...

Suggérez-lui de ne se maquiller ni les lèvres, ni les ongles, ni les yeux : la sage-femme pourrait avoir besoin d'en vérifier la couleur pour un diagnostic quelconque.

« On m'a dit qu'il existait des groupes de parole pour les jeunes pères dans les maternités. De quoi s'agit-il exactement ? »

Eh, oui, pour se préparer à devenir papa, vous pouvez bénéficier de petits cours du soir, comme pour apprendre le point de croix, la peinture sur soie, ou le dessin sur table. Malheureusement, il en existe assez peu sur le territoire (voir les annexes en fin d'ouvrage). Dans les préparations classiques, les hommes peuvent être mal à l'aise d'être réduits au rôle de simple accompagnateur, de spectateur pour dire vrai. L'objectif de ces groupes lancés il y a presque trente ans à la maternité des Lilas par le Dr Gérard Strouk, gynécologue accoucheur, c'est d'offrir aux hommes, au cours de la grossesse, et parfois après l'accouchement, un temps et un espace de parole bien à eux, sans la présence de leur compagne ou d'autres femmes. Comme ils se retrouvent uniquement entre eux, ils se parlent, osent, se lâchent, ils s'autorisent à parler beaucoup plus librement. Ces groupes peuvent vous permettre de dédramatiser et de vous rendre compte que tous les hommes se posent à peu près les mêmes questions au même moment. Souvent, les femmes elles-mêmes incitent leurs compagnons à s'y inscrire. C'est vous qui voyez.

« J'ai peur de ne pas me sentir tout à fait concerné par un nouveau-né… Que faire ? »

Cette réaction est, somme toute, assez courante. C'est la raison pour laquelle vous devez construire votre relation avec votre petit bout dès les toutes premières heures de sa vie en le prenant par exemple dans vos bras à la maternité, en lui donnant son bain peut-être. Plus vous créez la relation tôt, plus elle existera tôt. Si vous avez cette crainte, c'est que vous n'avez pas conscience que ce nouveau-né a de vraies compétences dès sa naissance. Dites-vous bien qu'il est actif dans la relation : il soutient le regard, il réagit à vos mots, vos gestes, il peut serrer votre doigt, puis très vite sourire, vous imiter même. Allez vers lui, changez-le, bercez-le dès qu'il pleure. Vous verrez qu'il se passe des choses avec lui. Ne restez pas spectateur, vous auriez l'impression qu'il ne se passe rien. En vous apercevant que ce bébé réagit très vivement à votre présence, vous aurez envie d'y revenir, d'aller plus loin dans ce contact.

« Après combien de contractions dois-je éteindre la télé pour emmener ma femme à la maternité ? »

« Y a pas l'feu au lac ! », comme on dit dans les maternités helvétiques ! Si vous arrivez trop tôt à la maternité, d'abord, on risque de vous renvoyer dans vos pénates en vous disant : « Deux centimètres, c'est tout ? » (le col de l'utérus se dilate jusqu'à 10 cm pour laisser passer le bébé ; deux centimètres, ce sont juste les prémices), et puis vous serez plongés dans une ambiance médicalisée, donc stressante, qui ne favorise pas forcément l'avancée du « travail ». Le temps, là-bas, va vous sembler plus long. Alors, autant rester chez vous le plus longtemps possible : la moquette est douce, le bain est chaud (une trempette prolongée peut même aider le travail), la musique est bonne, et puis ce n'est pas à la maternité que vous verrez *Mission impossible 2*. Profitez.

Mais partez lorsque :

1. Les contractions se succèdent toutes les dix minutes depuis environ deux heures (elles ont eu le temps d'agir sur le col de l'utérus) ; quand les contractions durent entre 30 et 70 secondes chacune et sont suffisamment intenses pour empêcher votre femme de s'adonner à toute autre activité, c'est que le travail a bel et bien commencé.

2. Madame a perdu les eaux : une petite partie du liquide amniotique s'est échappée car la poche des eaux s'est rompue. Vous ne pouvez pas vous tromper, c'est un liquide clair comme de l'eau du robinet. Là, après lui avoir fait prendre une douche, vous filez tout de suite car il y a risque d'infection (veillez, autant que faire se peut, à ce qu'Elle soit couchée pendant le trajet ; en aucun cas, vous ne devez y aller à pied). Sachez que votre femme est compétente par nature ; Elle porte la connaissance en Elle, Elle est dans le sensoriel. Ayez confiance en Elle, écoutez-la. Si Elle vous dit : « Euh… On y va ? », ne lui rétorquez pas, « Mais attends, ça va, on a le temps… Tu n'as eu que de petites contractions », tout ça parce qu'il est 3 h du matin et que vous voulez dormir. Emmenez-la : Elle sait, Elle sent, c'est sûr.

→ PETITS TRUCS POUR L'AIDER À « GÉRER » SES CONTRACTIONS

Vous n'êtes pas encore partis à la maternité, mais les contractions sont déjà présentes et parfois douloureuses. Conseils :

1. Encouragez-la à s'exprimer, à émettre des sons, dites-lui bien qu'elle n'est pas ridicule, gémir aide à mieux gérer la douleur.
2. Prenez-lui la main, caressez-lui le visage pour lui dire que vous êtes là, touchez-la de façon légère, sans grands mouvements, sans massages. Vous créez ainsi une zone de calme à laquelle elle se raccroche pour mieux appréhender la prochaine vague.
3. Encouragez-la à bouger, à marcher, à s'accroupir, à écouter son corps pour trouver la meilleure position : le mouvement fait jouer son bassin et aide le bébé à descendre.

4. Aidez-la à visualiser la contraction et à comprendre son importance : elle fait mal certes, mais elle contribue à ouvrir le col de l'utérus et aide le bébé. Elle est plus tolérable ainsi !
5. Encouragez-la à chasser sa douleur autre part, à vous « donner » une partie de cette douleur en pressant par exemple son ventre sur votre main, ou bien encore à imaginer que la douleur ne se focalise pas que dans son ventre, qu'elle se propage dans ses jambes, ce qui soulagera son ventre.

➔ JE FAIS MON INTÉRESSANT !

c'est vrai ce qu'on raconte sur le faux travail ?

Il se produit parfois un faux travail durant lequel les contractions sont irrégulières, d'intensité stable, sans influence sur la descente du bébé et sur la dilatation du col. C'est pourquoi il est toujours conseillé d'attendre un certain temps à domicile pour en faire un premier diagnostic autonome (au moins 2 heures de contractions utérines toutes les 5 à 10 minutes). Le début de travail peut être précédé d'une perte de glaires contenues dans le canal cervical (bouchon muqueux) ou de la perte des eaux. Dans ce cas, il faut consulter en maternité.

« Légalement, je dois informer le chauffeur de taxi que ma femme est enceinte ? »

Légalement, vous devez le payer, c'est tout. Si vous commandez un taxi par téléphone (je ne vous conseille pas d'en héler un dans la rue : en voyant votre compagne enceinte jusqu'aux yeux, il peut passer son chemin), vous n'êtes pas obligé de dire que votre femme est enceinte de 9 mois, 3 heures et 27 minutes, qu'Elle en est à 9 cm, et que vous hésitez sur la péridurale. Quand la voiture viendra vous chercher, mentionnez juste l'adresse au chauffeur, sans lui dire que c'est une maternité. Il faut comprendre le chauffeur, qui voit déjà madame en train d'accoucher sur ses housses de sièges toutes neuves, en moleskine imitation 1956. Et puis, dans la précipitation, n'oubliez pas de demander une facture : en l'adressant à la Sécu, vous serez remboursés.

T'INQUIÈTE, J'AVAIS RÉCUPÉRÉ PLEIN DE CARTES DE COMPAGNIES DE TAXI...
...JE LES AI TOUTES APPELÉES !
HAHA !!!

MON TRUC EN PLUS

Denis, 32 ans, papa d'Isabelle, 7 mois.

« Je n'ai pas le permis de conduire et j'étais angoissé de ne pouvoir conduire Marie à la maternité. Alors, j'ai déniché 3 ou 4 noms de compagnies d'ambulances à la maternité. Du coup, j'étais serein, je les avais toujours dans ma poche et j'étais fier de prendre les choses en main comme un conjoint conducteur pouvait le faire. »

« *Si je n'ai pas de voiture, est-ce que je n'abuse pas si j'appelle une ambulance pour aller à la maternité ?* »

Vous pouvez y aller en bus, en calèche, en tramway, mais ce n'est pas ce qu'il y a de plus confortable. Si vous optez pour l'ambulance (la Sécu vous rembourse deux allers et un retour : vous avez droit à l'erreur une fois), ça se prépare les jours précédents : vérifiez que la compagnie fonctionne bien 24 h/24 h, et sachez que plus il y a de distance entre chez vous et la maternité, moins vous avez de chances d'avoir un véhicule. Ils sont payés au déplacement, pas au kilométrage. Si vous n'avez pas de moyen de transport, vous pouvez aussi composer le 15 : si vous dites que votre femme est « en travail », on vous trouvera un véhicule. Soyez rassurant : ce n'est pas la peine de faire déplacer le SAMU s'il n'y a pas urgence ; on vous enverra de toute façon une ambulance classique. Et s'il y a urgence, justement, si vous paniquez un peu, appelez les pompiers (18).

→ SI VOUS VOULEZ LA RASSURER UN PEU...

Dites-lui...

« J'ai le sentiment que ça va aller très vite. »

« J'espère qu'il/elle te ressemble. »

« Tu fais ça très bien. »

« Tout est prêt : on peut y aller, ma chérie. »

« Je t'aime. »

Mais évitez de lui dire…

« Chérie, tu es sûre que c'est ça ? »

« On ne va pas y aller pour rien… C'est à 30 minutes d'ici ! »

« Essaye de te détendre… Le plus dur, c'est après ! »

« Tu imagines, pour Odile, ça a duré 30 heures ! »

« Je sais ce que tu ressens. » (Non, vous ne le savez pas !)

« Si c'est la panique, puis-je transporter ma compagne dans n'importe quelle maternité ? »

Oui, si les circonstances l'imposent. 1er cas : vous être surpris par l'évolution du travail, vous avez peur, ou vous êtes en week-end, en vacances, donc éloignés de la maternité qui suit votre compagne depuis quelques mois. Vous pouvez débarquer dans la maternité la plus proche (grâce à l'Internet, ou au fax, on peut consulter votre dossier médical sans avoir à refaire tous vos examens), on ne vous mettra pas dehors, sauf s'il ne s'agit pas de la maternité. 2e cas : il peut y avoir un surbooking, ce qui arrive très régulièrement dans les grandes villes. Le problème n'est pas ici la salle de travail (on peut toujours s'arranger pour accoucher une femme dans un lieu qui n'est pas nécessairement une salle d'accouchement), mais le nombre de lits (depuis l'an 2000, on enregistre 40 000 naissances de plus chaque année sans que les capacités d'accueil aient changé). La règle absolue, c'est que toute maternité publique doit accueillir n'importe qui, à n'importe quel moment (il y a une permanence de sage-femme à toute heure du jour et de la nuit).

« Peut-on déclencher un accouchement si je ne peux pas être présent le jour du terme ? »

Si vous êtes absent à la date du terme, à l'autre bout du monde, pour des raisons professionnelles, vous pouvez demander que l'accouchement soit programmé (on dit "programmé" quand il s'agit de convenances personnelles, "déclenché" lorsqu'il est question de raisons purement médicales). Une maternité ne peut, a priori, pas refuser. Sachez que ce qui compte, c'est que votre compagne soit d'accord : les contractions sont plus fortes, et le déclenchement provoque une augmentation sensible du risque de césarienne, donc ça la concerne au premier chef. La décision d'accoucher sur rendez-vous peut être prise à partir du septième mois et le choix du jour ne sera fait qu'au dernier moment.

« Comment se déroule exactement un accouchement programmé ? »

Vous entrez avec votre compagne la veille au soir à la maternité ou très tôt le matin. On lui demandera d'être à jeun. Vers 8 heures, elle part en salle de travail et est placée immédiatement sous monitoring pour contrôler le rythme cardiaque du bébé. Une perfusion d'ocytocine, une substance proche de l'hormone qui déclenche naturellement l'accouchement, est installée. Du coup, elle ne peut pas bouger comme elle veut, se balader. Il faut savoir, et ça peut intervenir dans votre choix à tous les deux, que les contractions sont douloureuses assez vite et que c'est très difficile de les supporter sans péridurale. La sage-femme rompt la poche des eaux pour rendre les contractions plus efficaces. L'accouchement se déroule ensuite exactement de la même façon que s'il était spontané, et la future maman reste sous monitoring.

« S'il n'y a pas de place à la maternité, ma compagne pourra-t-elle quand même accoucher ? »

Il manquerait plus que ça ! Si le travail a démarré, on ne peut pas empêcher ou différer un accouchement ; impossible d'enrayer la machine. Quand c'est parti, c'est parti. Dans ces conditions, ne vous inquiétez pas : vous aurez une place.

« Si je n'assiste pas à l'accouchement, suis-je un lâche doublé d'un mauvais père ? »

On n'a pas à « assister » à l'accouchement, on a à le vivre. Il s'agit d'être ensemble dans l'événement, d'être tout entier dans le moment. Concrètement, ça signifie que même si vous restez dans le couloir (ou même à la maison !) mais qu'Elle vous sait à côté en train de penser à Elle et que vous êtes en communion avec Elle, ça suffit. Cette sécurisation affective, c'est ce qu'Elle attend de vous.

Rassurez-vous : il n'est pas égoïste de penser à soi à ce moment-là. Si vous ne le sentez pas, n'y allez pas. Elle comprendra. Et dites-vous que dans d'autres cultures, on voit l'homme vivre l'accouchement avec ses propres rites, sans être aux côtés de sa femme : on l'accompagne sur son chemin, on le fait danser, il vit l'événement de son côté, mais son esprit et celui de sa femme ne font qu'un.

→ CONNAISSEZ-VOUS LE « PROJET DE NAISSANCE ? »

Ce concept consiste à demander à la maternité que certains aspects entourant la naissance, et qui sont importants pour vous, soient réalisés selon vos souhaits : votre compagne veut marcher le plus possible pendant le travail, elle veut que le bébé soit mis au sein immédiatement, vous voulez donner le premier bain à votre bébé, vous voulez faire du « peau à peau »... Vous pouvez, vous et votre compagne, consigner vos souhaits par écrit ; c'est le plus sûr moyen de faire respecter vos désirs. Ce document devra être signé par vous et par le médecin qui vous suit, et imprimé en plusieurs exemplaires, à remettre à chaque membre de l'équipe médicale qui, le jour J, s'occupera de vous. Certes, le projet de naissance n'a pour le moment aucune valeur légale ; il s'agit davantage d'un contrat moral entre vous et l'équipe de la maternité, qui s'engage à respecter vos souhaits dans la mesure du possible, à condition que tout se déroule bien.

« *Ma compagne voudrait que sa sœur l'accompagne avec moi. Est-ce souhaitable ?* »

Ça dépend, je ne connais pas sa sœur... Non, sérieusement, dans la plupart des hôpitaux ou des cliniques, madame n'a droit qu'à une personne accompagnatrice : il est très rare qu'on en accepte davantage pour des raisons d'hygiène. Si plusieurs personnes entrent, elles vont se déplacer, brasser l'air... Or, il est nécessaire d'avoir une salle avec le moins de germes possibles par mesure de sécurité envers le bébé et la maman. La personne accompagnatrice devra généralement mettre une surblouse et des surchaussures pour éviter de transporter les germes de l'extérieur dans la salle. Elle devra les enlever chaque fois qu'elle quittera la salle et les remettre en rentrant. Profitez de ce moment pour faire entrer la sœur de votre compagne à votre place.

« J'avais décidé d'y assister, mais là, je ne le sens plus trop. Comment le lui dire à ce stade ? »

Dites-le lui franchement, il est encore temps. Pour pouvoir faire votre chemin de futur père, pour accueillir cet enfant, il faut vivre l'événement comme vous l'entendez, à votre rythme (cette naissance, c'est aussi votre naissance à vous). Il ne faut pas aller au-delà de ce qu'on a envie de vivre, c'est trop violent. Prévoyez juste le coup en prévenant votre compagne à l'avance que vous pouvez changer d'avis et en appelant éventuellement quelqu'un pour la soutenir. Sa sœur, peut-être, ou une amie (évitez sa mère, ou la vôtre).

« Vais-je reconnaître ma femme dans cette explosion d'émotion et de violence qu'on me décrit ? »

Il faut que vous soyez prévenu qu'un accouchement, comme un orgasme (si, si), c'est comme une parenthèse dans la vie, un moment suspendu, presque hors du temps. C'est la vie, mais pas exactement la vie. À cet instant, votre compagne n'est plus elle-même ; vous non plus, d'ailleurs. C'est un état où l'on plonge au plus profond de soi, où l'on se débarrasse de toutes ces couches d'éducation, de tabous, de tout. On perd toute retenue, et l'autre prend ça en pleine figure. C'est parfois très violent : depuis sa première et dernière cuite, pour ses 17 ans, vous ne l'avez jamais vu s'agiter comme ça, hurler, suer, insulter, ou bien, au contraire, Elle ne vous est jamais apparue aussi calme.

N'ayez pas peur de ça. Et si c'est trop pour vous, sortez, allez prendre l'air. Mais ne l'empêchez pas d'aller jusque-là, elle doit vivre ce lâcher prise pour devenir mère. Mais attention, elle peut très bien ne pas vous reconnaître non plus : vous serez peut-être mutique alors que vous êtes bavard, ou agressif alors que vous êtes un vrai calme.

Sachez-le simplement, et tout se passera bien, tout rentrera dans l'ordre après.

« Si Elle a mal, est-ce que je peux exiger qu'on lui pose une péridurale tout de suite ? »

C'est Elle qui décide, pas vous (vous avez fait médecine, d'ailleurs, ou quoi ?). Maintenant, si Elle le veut, vous pouvez appuyer sa demande auprès du personnel. Mais évitez de péter les plombs et d'insulter tout le monde si on ne vous donne pas satisfaction. Conservez à tout moment le dialogue avec l'équipe, restez diplomate, toujours ouvert au dialogue. Affirmez votre point de vue, mais en discutant.

Après tout, c'est comme quand vous vous braquez à la Poste, ça n'avance pas plus vite. Parfois, même moins. Plus vous demanderez les choses gentiment, plus on vous respectera. Si on vous dit une fois que l'anesthésiste n'est pas disponible, n'insistez pas davantage. Je sais bien que vous vous êtes enfin découvert un rôle actif dans cette maternité où vous n'avez rien à faire d'autre qu'attendre que votre femme fasse tout, mais quand même…

« La maternité d'accord, mais où faut-il se présenter exactement ? »

Inutile de prévenir en passant un coup de fil, il y a toujours quelqu'un ! À votre arrivée à l'hôpital, si vous avez perdu votre sens de l'orientation légendaire dans un flot continu d'émotion, suivez toujours les panneaux « Urgences maternité » dans le dédale des allées. C'est là que vous serez pris en charge par une infirmière ou une aide-soignante.

Vous n'avez qu'une chose à faire : lui décliner l'identité de votre moitié.

Elle va alors chercher son dossier médical ainsi qu'une sage-femme.

→ MA TROUSSE DE SURVIE POUR L'ACCOUCHEMENT

On sait quand on entre dans la salle de « travail », mais on ignore quand on en sort. OK, vous ne partez pas pour un trekking… mais c'est pas loin. Alors, on s'équipe, et bien avec ça…

- Des vêtements en « couches » : s'il fait froid dehors, il y a une atmosphère de salle des machines à l'intérieur (sans parler de l'adrénaline qui réchauffe encore votre petit corps). Alors, mieux vaut pouvoir s'alléger très vite.

- Un T-shirt de rechange bien propre, bien frais.
- Un casse-croûte pour éviter l'hypoglycémie due au stress (un sandwich, un paquet de gâteaux...), une bouteille d'eau (il faut boire pour éviter de s'endormir).
- Une carte téléphonique ou bancaire, des pièces de 20 et 50 centimes d'euro pour le téléphone (beaucoup de maternités refusent l'usage du mobile).
- Un agenda avec les numéros de téléphone de vos proches (un numéro est si vite oublié au milieu de toute cette belle émotion).
- Un appareil photo chargé (même chose pour l'émotion).
- Un bouquin facile à lire (genre roman de gare : le temps est parfois long) ou un journal.
- Une brosse à dents, des lingettes rafraîchissantes.
- Un lecteur et quelques CD que vous aimez particulièrement.
- Un petit cadeau pour Elle, que vous lui offrirez dès votre retour à la chambre.

Après, c'est vous qui voyez. Tout est bon pour vous rassurer, vous protéger, vous donner un support, vous créer votre petit ancrage à vous.

« Qui va nous prendre en charge à notre arrivée ? Un médecin ? Une infirmière ? Un gardien ? »

La sage-femme vous conduit tous les deux dans une petite salle de soins infirmiers : prise de tension de madame, température, analyse d'urine. Après, on lui fait passer un examen obstétrical : toucher vaginal pour voir où en est le travail (s'il a démarré) ; vérification de la présentation du bébé (siège en bas ou pas). Si la future maman n'est pas « en travail », vous pouvez faire chauffer les clés de la voiture : vous repassez par la case « maison ». Sinon, on lui pose quelques questions sur le rythme et l'intensité de ses contractions, l'heure de son dernier repas et la prise éventuelle de médicaments. Puis, on lui installe le joli monitoring sur le ventre, un appareil destiné à surveiller électroniquement le rythme de travail de l'utérus et à vérifier que ce travail est toléré par le bébé. À l'aide d'un brassard, on enregistre (en continu pendant une heure, puis de temps en temps) sa tension artérielle.

Si elle n'a pas encore perdu les eaux, la sage-femme pratique une amnioscopie pour vérifier que le liquide dans lequel baigne le bébé est bien clair. Elle note aussi la température, contrôle l'absence d'albumine dans ses urines (petit pipi dans petit pot) et effectue une prise de sang pour connaître le nombre de plaquettes : pour que la future maman puisse bénéficier de la péridurale, il faut en compter au moins 100 000 (en dessous, il y a un risque d'hémorragie). Après, le circuit varie en fonction des situations : soit le travail est déjà avancé, et votre compagne veut une péridurale, vous allez alors en salle de naissance ; si le travail a à peine démarré, vous allez en salle de pré-travail avec une surveillance discontinue ; si elle ne veut pas de médicalisation, mais que le travail est avancé, on vous met dans ces mêmes salles-là pour que vous viviez votre vie, que madame marche, qu'elle soit plus libre (elle n'a pas forcément de perfusion, juste une arrivée non branchée). C'est le moment de dire ce que vous avez sur le cœur : où voulez-vous être, là, pas là, à côté, comment voulez-vous vivre les choses ? Exprimez-vous, posez des questions, c'est le moment ou jamais !

→ LE PAQUETAGE DU BÉBÉ À NE PAS OUBLIER

Vous qui oubliez tout, pour une fois, pensez au trousseau du bébé. Elle sera tellement fière de vous en voyant que vous vous en êtes chargé. Pense-bête à contrôler avant de partir :

- 6 à 8 bodies : choisir la forme croisée, qui s'enfile plus facilement.
- 3 brassières ou gilets en laine : utiles, car un nouveau-né ne doit pas avoir froid.
- 8 grenouillères pour le changer plusieurs fois par jour.
- 1 paire de chaussons et 2 paires de chaussettes à mettre sur sa grenouillère pour qu'elles restent bien en place et que votre bébé n'ait pas froid aux pieds.
- 1 gigoteuse pour tout-petit ou un surpyjama : il s'y sentira tout de suite à l'aise.
- 4 à 6 bavoirs.
- 5 ou 6 serviettes de toilette pour en avoir toujours une propre et sèche.
- 1 peluche : elle deviendra peut-être son doudou !
- 2 paquets de couches en tissu (ou langes) pour essuyer les petites régurgitations et protéger vos vêtements (idéales pour mettre sous la tête de votre bébé dans le berceau).

- 1 petite brosse à cheveux pour la toilette de votre bébé. À la maternité, les puéricultrices ont tout ce qu'il faut pour le bain et les soins. En général, chaque pédiatre vous indique ce qui est nécessaire pour le retour à la maison.
- Des couches. Souvent, la maternité propose un forfait. Mais n'oubliez pas le retour à la maison ! Pensez à mettre sur le dessus du sac ou de la valise le body et le pyjama que vous voulez lui voir porter à sa sortie dénudée du ventre de maman !

« J'ai très peur que ma compagne accouche par césarienne : ai-je peur de l'acte médical, de la cicatrice ? C'est gros, c'est moche, c'est hard ? »

On s'en fait une montagne, mais la cicatrice est toute petite : 2 cm environ, assez bas, donc cachée par les poils pubiens (simplement, la peau n'est pas tout à fait de la même couleur à cet endroit). Mais la fonction est restaurée même s'il y a une marque. La grande violence de la césarienne, c'est qu'on voit disparaître sa tendre au bloc, en restant soi-même dans le couloir. Demandez à l'équipe ce qui se passe. Le temps semble long et il y a souvent des angoisses de mort chez l'homme. La maman doit accepter cette cicatrice, ça peut mettre du temps : on peut hésiter à se remontrer à l'autre. Ça peut renvoyer à un sentiment d'échec : parlez-lui, rassurez-la, et recontactez éventuellement une sage-femme si ça nuit à votre relation de couple. Sachez que la reprise de la sexualité n'est pas plus longue s'il y a eu césarienne !

« Depuis deux ou trois nuits, j'ai peur qu'il se passe un drame dans la salle d'accouchement. Quels sont les risques réels ? »

Évidemment, le risque zéro, ça n'existe pas. L'accouchement représente toujours un risque pour la maman : entre 9 et 13 décès pour 100 000 naissances vivantes, soit 60 morts par an. Mais sachez que la surveillance pendant la grossesse – et durant l'accouchement – est telle que les risques sont de plus en plus limités. Il y a le monitoring qui contrôle le rythme des contractions et les battement de cœur du bébé pour s'assurer qu'il ne souffre pas, la sage-femme qui passe régulièrement s'assurer que tout va bien, et le médecin qui se tient prêt pour toute intervention d'urgence. En somme, si l'obstétricien n'a évoqué aucune pathologie pendant la grossesse, vous pouvez dormir sur vos deux oreilles.

LES RENDEZ-VOUS (TRÈS) IMPORTANTS

Vous n'êtes pas obligé d'assister à tout, mais n'oubliez pas de marquer d'une pierre blanche les grands rendez-vous de la grossesse.

CONSULTATIONS DE SUIVI DE GROSSESSE

LA PREMIÈRE CONSULTATION

....

LES AUTRES CONSULTATIONS

....

LES CONSULTATIONS DES 8E ET 9E MOIS

....

EXAMENS OBLIGATOIRES

....

....

....

COURS DE PRÉPARATION À L'ACCOUCHEMENT

....

....

....

(Notez la date et l'heure des rendez-vous auxquels vous voulez assister.)

LISTE DES QUESTIONS À NE PAS OUBLIER DE POSER AU COURS DE PRÉPARATION

QUELQUES HEURES DANS LA SALLE DE TRAVAIL

Vous êtes enfin dans le Saint des Saints. C'est à peu près ce que vous imaginiez : une usine, une centrale nucléaire, une machine bien huilée, tellement bien que ça a plutôt l'air de marcher sans vous. Il n'y a même pas un siège pour vous, c'est dire ! Vous percevez un peu de musique de l'autre côté, pas mal de « Madame, vous avez mal, là ? » En sortant pour avaler un café, vous croisez quelques mecs émouvants en tenue stérile, qui s'y reprennent à trois fois avant de faire entrer une pièce dans le distributeur de boissons vide…

Lentement, vous vous installez dans la situation. Vous créez une relation presque amicale avec la sage-femme. Vous parlez de tout, de rien, des Antilles. De la neige. Le temps s'étire. Ça dure, mais ce n'est pas long. Vous n'êtes pas paniqué, juste désarmé. Vous ne savez pas quoi faire de vos mains, de vous. Vous vous dites que le dénouement attendu aura bel et bien lieu, quoi que vous fassiez ou ne fassiez pas. Vous avez tellement raison. Le voilà. Il est beau. Comme Elle !

« Moi qui ne supporte pas la vue du sang... Est-ce que je ne risque pas d'avoir la honte de ma vie en tombant dans les pommes ? »

Autrement dit : êtes-vous obligé de regarder l'accouchement en *live* si vous avez décidé de venir ? En fait, vous pouvez, mais rien ne vous y oblige. Pour avoir une petite idée de ce qui vous attend, je vous conseille de regarder une vidéo montrant un accouchement. Vous pouvez aussi, à la maternité, visionner un film montrant plusieurs accouchements, la sortie du bébé, mais aussi l'attitude de chacun des protagonistes (l'idée étant de se rendre compte qu'on n'attend pas de vous un rôle très précis, que chacun vit ça à sa façon). Cela dit, il y a un fantasme de la violence de l'accouchement avec le sang, les cris, les pleurs hystériques et la douleur. Ce qui serait vrai si l'on était purement spectateur de la scène ne l'est plus du tout sitôt que le père est, lui aussi, dans l'action, et ce, même s'il ne prend pas particulièrement les choses en main. Tout ça pour dire que ce n'est pas aussi insoutenable que vous pouvez vous l'imaginer.

« Elle ne veut pas que je sois là le jour de l'accouchement. Comment la convaincre de me laisser entrer dans la salle de travail ? »

Vous savez, l'accouchement est un moment violent, elle peut penser qu'elle sera moins séduisante qu'à l'habitude, plus animale ; elle peut craindre que vous ne la désiriez plus après ce choc émotionnel ; elle peut croire aussi que vous ne serez d'aucun secours dans un univers médicalisé que vous n'appréciez guère. Vous pouvez commencer par la rassurer en lui expliquant vos motivations à partager ce moment merveilleux avec elle, à vivre le tout premier cri de votre enfant.

Et dès que vous aurez saisi ce qui la pousse à vous demander de rester en dehors de tout ça, vous pourrez peut-être arriver, avec elle, à une solution qui vous permette de ne pas rater la naissance de votre enfant.

Vous pouvez peut-être lui proposer d'être près d'elle pendant le travail, puis de sortir au moment de l'expulsion pour revenir après. Entre nous, il y a de bonnes chances pour que, si vous ne fassiez pas de faux pas pendant le travail, elle vous demande elle-même de rester pour la soutenir sur la fin.

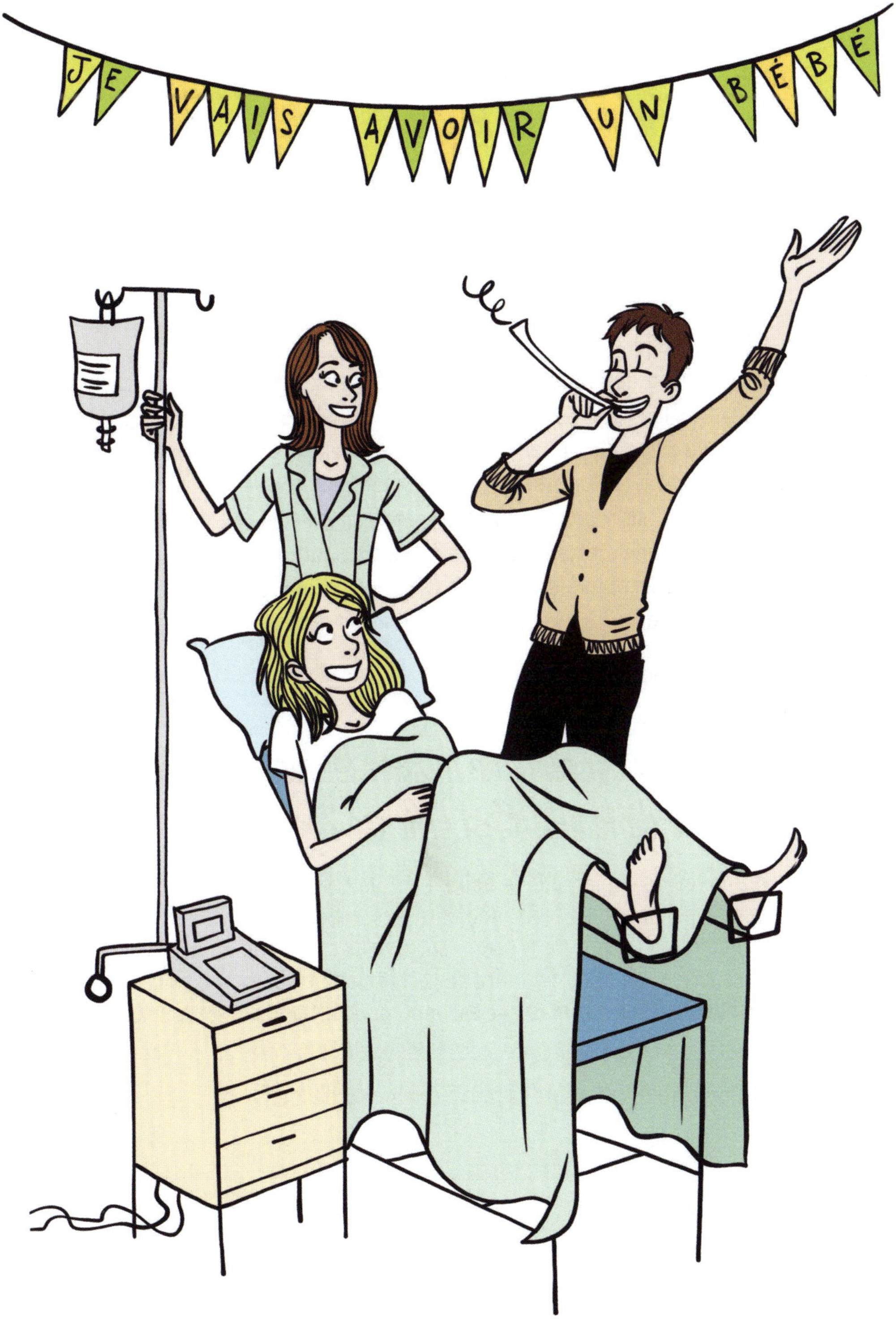
JE VAIS AVOIR UN BÉBÉ

Expliquez-lui qu'on peut mettre un drap sur ses jambes et que, dans ces conditions, vous ne pourrez rien voir... Vous pouvez aussi lui dire que vous n'entendez pas regarder, faire un reportage ou un documentaire, mais simplement rester à ses côtés, pour lui tenir la main, la rassurer, la caresser... Discutez-en tranquillement, en lui disant que vous comprenez, mais que pour vous c'est important et que pouvez-vous peut-être arriver à un bon compromis. Et si c'est un « niet » définitif, vous devrez vous soumettre à cette décision, mais au moins, vous saurez pourquoi.

→ JE FAIS MON INTÉRESSANT !

Racontez-lui l'histoire de Frédéric Leboyer, un gynéco humaniste qui a chassé des « salles de travail » la brutalité de la naissance : les bébés tenus par les pieds dans l'attente du fameux cri, les lumières aveuglantes, les gestes médicaux inutiles qui tuent toute émotion... Si l'on dépose l'enfant immédiatement sur le ventre de sa maman pour l'aider à se remettre du stress de la naissance, c'est grâce à Frédéric Leboyer; si on lui donne un bain rapide pour le détendre (et non pour le nettoyer) aussi. Si sages-femmes et médecins réchauffent le stéthoscope et leurs mains avant de manipuler le nouveau-né et si l'on parle moins fort dans les salles, c'est également à lui qu'on le doit.

« Un copain m'a conseillé de masser le dos de ma femme avec une balle de tennis. C'est efficace ? »

Même si vous avez un revers déplorable, la balle, c'est un bon moyen de masser facilement sans exercer trop de pressions localisées, donc douloureuses. Mais les mains, c'est encore mieux. Le toucher, c'est idéal dans les phases de tension, entre deux contractions. Allez au contact de son corps à Elle, dans les phases de détente, entre deux contractions, et dans les phases de la douleur si Elle vous le demande. Tout type de massage est approprié : le bas du dos, les épaules et la nuque, le crâne.

Faites des petits palpers-roulers locaux, ça fait énormément de bien.

« Est-ce que je ne vais pas être débordé par la vitesse des événements ? »

Encore une fois, c'est très long un accouchement. Et pendant des heures, on reste à deux dans la « salle de travail ». La sage-femme vient faire le point à peu près toutes les heures, puis s'en va. Le temps s'arrête un peu, on parle, on rit, on somnole, on fait silence aussi. Ce n'est pas l'effervescence qu'on imagine, l'espèce de scène d'hystérie, mais plutôt un moment très chaleureux, et même intime d'une certaine manière.

On oublie vite l'appareillage médical qui est là au cas où, et l'on vit ça comme une aventure à deux ! Quant à la précipitation des derniers instants, certains jeunes papas parlent au contraire de « film au ralenti ».

« On m'a dit que dans les CHU, on pouvait être accouché par un étudiant. C'est vrai ? »

Jamais vous n'aurez affaire qu'à un ou une étudiante. Il y a toujours un binôme : étudiant sage-femme et une sage-femme. Cela dit, quand on va dans un CHU*, on accepte, par principe, la présence d'un étudiant : c'est son lieu de formation. Côté médecin, il n'y aura pas d'étudiant et, là, et, s'il y en avait un, vous pouvez vous opposer à son intervention. Rassurez-vous : quand l'interne est débutant, il n'est pas dans un centre de grosse pathologie. On peut discuter, on s'arrange toujours, mais il faut comprendre que ça fait partie du choix, sinon, ils ne pourraient pas être formés. Et puis accepter un étudiant, ça ne veut pas dire accepter qu'il y en ait trois ou quatre qui regardent l'accouchement («Ah, un bébé qui naît par le siège, j'en ai jamais vu, venez ! »). Demandez qui est qui, car les gens ne se présentent pas toujours (en cas de problème, si vous voulez vous adresser au bon Dieu plutôt qu'à ses saints, sachez que la hiérarchie se présente comme ça : externe, interne, chef de clinique), et si vous n'êtes pas rassuré, dites-le !

* Centre hospitalier universitaire

→ LES 3 GRANDES ÉTAPES DE L'ACCOUCHEMENT

Vous voulez savoir comment ça se passe exactement, mais vous avez une vision un peu parcellaire. Il n'y a qu'à demander...

1. La dilatation est la succession des contractions involontaires, intermittentes, rythmées de façon régulière et progressives dans leur durée (ressenties comme de plus en plus longues), leur fréquence (réellement de plus en plus rapprochées), et leur intensité (de plus en plus fortes). Ces contractions vont permettre au col de l'utérus de se modifier, se raccourcir, se ramollir et se dilater pour laisser le passage à la tête de l'enfant. C'est l'étape la plus longue. Et au fur et à mesure de l'avancée du travail, les contractions vont devenir plus douloureuses : c'est à ce moment que votre compagne peut demander la péridurale. La sage-femme vient régulièrement l'examiner jusqu'à ce que le col atteigne 10 cm de dilatation.
2. Une fois le col dilaté, il faut aider le bébé à sortir. L'expulsion est une phase très active : Madame doit pousser au rythme des contractions. Pas d'inquiétudes à avoir, le médecin et la sage-femme l'aideront dans cet effort. Lorsque la tête du bébé sera bien visible, la sage-femme essaiera de la sortir entièrement. Quelques contractions supplémentaires, accompagnées par la sage-femme, vont expulser le corps du bébé. Et voilà votre enfant près de vous, qu'on dépose sur le ventre de sa maman.
3. Reste un dernier détail : l'expulsion du placenta appelée « la délivrance ». La sage-femme a emmené votre enfant pour des tests et une première petite toilette (vous les avez même peut-être accompagnés), votre compagne est toujours allongée, les contractions utérines vont reprendre, moins douloureuses : elles permettent à l'utérus de se rétracter et de décoller le placenta. Une fois expulsé, il est examiné par le médecin pour s'assurer qu'il est complet et de qualité (pour éviter tout risque d'hémorragie).

L'accouchement est terminé. Si votre compagne est sous péridurale, elle restera encore 2 heures allongée sous surveillance médicale, avant de regagner sa chambre.

« Est-ce que l'accouchement ne va pas perdre tout son caractère intime en se déroulant devant dix personnes ? »

Un accouchement n'est pas un concert de rock. Dans les maternités publiques, vous aurez affaire à la sage-femme qui vous a guidés pendant la préparation. Vous avez intérêt à vous entendre avec elle : elle sera votre seul interlocuteur ou presque pendant cette folle aventure.

Elle peut être remplacée s'il y a une relève de garde (les gardes durent 12 heures). Sinon, vous verrez une auxiliaire de puériculture, une infirmière ou une aide-soignante pour tous les soins. Et c'est tout. Les autres intervenants ne sont que des acteurs ponctuels qui arrivent sur demande de la sage-femme : l'anesthésiste, si votre compagne demande une péridurale, le médecin obstétricien, pour les avis, en cas de pathologie ou d'intervention. Si tout se passe bien, vous verrez deux personnes en tout et pour tout. D'ailleurs, moins vous voyez de monde, moins vous devez vous inquiéter (dans les cliniques privées, vous rencontrerez aussi l'obstétricien pour l'accouchement).

« Si le rythme cardiaque du bébé ralentit, est-ce synonyme de malformation ou de danger ? »

D'abord, histoire de vous rassurer, dans la plupart des maternités, le monitoring est téléporté dans le bureau des sages-femmes : il y a une surveillance même quand il n'y a personne dans la pièce. Maintenant, ralentissement ne signifie pas défaillance cardiaque. Le cœur n'est pas menacé, il y a juste une moins bonne tolérance du bébé à ce qui se passe. En observant le monitoring, on a un reflet de sa vitalité, ce n'est pas le cœur en soi qui est menacé. S'il passe de 140 à 100, puis à 80, ne vous angoissez pas. Les ralentissements synchrones de la contraction sont comme un petit malaise vagal : la tête du bébé appuie sur le col ou le bassin, ce qui fait ralentir le cœur. C'est juste un ralentissement réflexe. Parfois, c'est postural : si la maman est dans telle ou telle position, le flux du cordon est moins important, donc son cœur bat moins (on change de position et ça repart). Et puis il peut y avoir une anomalie qui sera détectée par la sage-femme. Si vous avez peur, ne restez pas dans votre coin à vous imaginer tout et n'importe quoi, demandez à l'équipe de vous expliquer : il y a de fortes chances que vous vous inquiétiez pour rien. Mais si l'on vous dit que ce n'est pas grave, faites confiance au personnel.

« Le bébé peut-il s'étrangler si le cordon s'enroule autour de son cou ? »

Cette situation (quand même un enfant sur deux) est bien maîtrisée par les équipes médicales. Si le cordon est assez lâche (« circulaire lâche », dit-on), il est assez facile de dégager le cou. Lorsqu'il est serré, celui-ci est coupé avant de sortir la première épaule du bébé. Il est parfois nécessaire de pratiquer une césarienne, et dans tous les cas, l'état de santé de l'enfant est suivi à l'aide d'un monitoring. Inversement, certains bébés présentent un cordon court, entre 20 et 30 cm, rendant l'accouchement plus délicat : lors de l'engagement, l'alimentation sanguine du bébé peut être moins bonne. Là aussi, une césarienne peut être envisagée.

« Qu'entend-on au juste par "fausses contractions" ? »

Si les contractions sont trop faibles en intensité, peu fréquentes ou trop peu régulières, le col se dilate avec une extrême lenteur et l'activité musculaire de l'utérus se révèle peu efficace. Les spécialistes soupçonnent ce problème quand la dilatation ne progresse pas (ou trop lentement). Pour y remédier, on injecte à la future maman, sous forme de piqûre intraveineuse, de l'ocytocine (l'hormone à l'origine des contractions utérines).

« Le mot même me fout la trouille... Est-ce que je dois craindre que ma femme subisse une épisiotomie ? »

À l'heure actuelle, 60% des naissances ont lieu avec le concours de l'épisiotomie. Il s'agit de l'incision de la vulve sur plusieurs centimètres, d'avant en arrière et généralement sur la droite, pratiquée au cours de l'accouchement, au moment où la tête du bébé est visible. Faire une épisiotomie, c'est préférer une coupure chirurgicale nette, propre et facile à recoudre, à un déchirement des tissus provoqué par le passage du bébé. L'épisiotomie « agrandit la sortie » et évite ainsi des dégâts dont les conséquences ne sont pas contrôlables.

Elle préserve ainsi la fonctionnalité du muscle dans ses fonctions sphinctériennes et sexuelles. En clair, elle permet d'éviter des incontinences urinaires post-partum (après le retour à la normale !).

Mais il ne s'agit pas d'un geste systématique : elle est en général envisagée lorsque l'on estime qu'il y a risque de déchirure. C'est donc à l'équipe d'accouchement d'apprécier son bien-fondé. Rassurez-vous : l'épisiotomie est peu ou pas douloureuse. La pratique de plus en plus fréquente de l'anesthésie péridurale explique bien sûr l'absence de douleur. Mais, même sans anesthésie, cette incision rapide passe le plus souvent inaperçue au milieu de toutes les sensations de l'accouchement. Une fois l'accouchement terminé, on recoud sous anesthésie locale (ou en profitant de l'anesthésie péridurale). Les soins post-opératoires consistent en des toilettes fréquentes et soigneuses. On s'efforce, entre autres, de tenir le périnée le plus au sec possible.

MON TRUC EN PLUS

Denis, 29 ans, papa d'Amandine, 7 semaines.

« Dans la "salle de travail", j'étais parti pour être actif, mais j'ai senti que ma femme avait envie de vivre ça seule. J'étais là, mais je ne suis pas intervenu concrètement. J'ai simplement joué le rôle d'intercesseur entre elle et le personnel. J'étais comme le placenta, un filtre. »

« Si c'est une naissance par césarienne, je ne pourrai pas y assister ? »

Il y a peu de maternités où le père peut assister à ce qui reste, c'est vrai, un acte chirurgical. Je vous conseille de vous renseigner avant de choisir votre maternité. Mais oubliez votre frustration, car dans le cas d'une césarienne, la maman reste au bloc opératoire une petite heure après la sortie du bébé. Le papa, lui, a le bébé pour lui tout seul : et là, vous allez en créer, des souvenirs, avec lui !

« Est-ce qu'un accouchement peut vraiment durer toute une journée comme on le raconte ? »

C'est la question récurrente, qui revient sans cesse – chez les femmes comme chez les hommes. Il est bien difficile de répondre... Seulement 2 % des naissances sont dites « précipitées ». Il faut dire qu'un lent procédé peut s'avérer utile afin que le corps maternel et le bébé soient prêts pour le travail actif et la naissance. La durée théorique totale du travail est de l'ordre de 10 à 14 heures pour un premier accouchement, de 6 à 8 heures pour les suivants.

« Suis-je condamné à couper le cordon ? »

On a tendance à dire que le rôle du père étant de séparer, le geste symbolique de couper le cordon serait déterminant. C'est faux ! Vous n'êtes pas là pour faire plaisir à la sage-femme qui vous le propose. Elle est trop insistante ? Dites-lui que c'est son job ! Si vous pensez que ça fait trop médical ou trop « inauguration », c'est votre droit. Mais que vous preniez les ciseaux ou non, sachez que c'est totalement indolore (pour le bébé et pour la maman).

« Si le bébé ne crie pas, c'est grave, docteur ? »

Il faut penser, par « cri », première inspiration (dans l'état civil, autrefois, on écrivait : « Criant de suite »). Il n'y a pas forcément beaucoup de sonorité associée à cette première inspiration. Il ne faut pas attendre que votre bébé crie de façon véhémente. S'il inspire, il développe ses poumons, c'est tout bon. Après cette inspiration, il ne va pas forcément pleurer, crier, s'agiter. Il peut être très vite calme s'il est enveloppé et posé sur le ventre de sa maman. En somme, s'il ne crie pas, mais passe du bleu au rose et respire, ça suffit à la sage-femme : il est bon pour le service. Pour les cris vigoureux, il se rattrapera dans quelques heures, promis !

À TROIS MINUTES DE VIE… SES TOUT PREMIERS SOINS

On sèche le bébé (il est trempé comme s'il sortait d'une piscine chaude : il faut le protéger du froid en le séchant) ; on le mouche avec une sonde (il vivait dans l'eau : son nez, ses bronches, son tube digestif sont remplis de liquide amniotique : on l'expulse pour que l'air puisse entrer) ; on le pèse, on le mesure ; un peu de collyre dans les yeux, quelques gouttes de vitamine K contre les hématomes qu'il a pu subir suite aux secousses de l'accouchement. Vous pouvez lui donner un petit bain rapide à ce moment-là (il faut le demander). On lui met son petit bracelet, on l'habille dans le beau petit pyjama que vous n'avez pas oublié d'apporter avec vous. C'est tout ! Vous n'avez pas à culpabiliser d'avoir laissé votre compagne quelques instants, vous devenez le passeur, vous pourrez lui raconter tout ça. Vous pouvez ramener le bébé à la maman.

Sachez que, du début à la fin, vous pouvez être là, accompagner les gestes ou juste regarder.

« J'ai vu les images d'un accouchement, le bébé est manipulé dans tous les sens comme un petit gigot. Il n'en souffre pas ? »

Un pied par-ci, une jambe par-là, on pourrait souhaiter qu'il y ait un peu plus de douceur dans les gestes de la naissance. C'est vrai que les professionnels mettent beaucoup de distance lorsqu'ils réalisent ces gestes, et la tendresse est parfois bien loin. Mais la présence du père à chaque instant permet aussi d'humaniser ces premiers gestes. Pendant que le bébé est soigné, vous pouvez lui parler tout doucement, le rassurer, lui expliquer ce qu'on lui fait. Et vous verrez, ça fera peut-être même sensiblement changer l'attitude un peu rigide du soignant. Si, si.

MON TRUC EN PLUS

Eddy, 34 ans, papa de Yola, 13 mois.

« Pour contourner la petite crainte que j'avais d'assister à certaines scènes un peu, comment dire... *gore*, j'ai attrapé l'appareil photo dans le sac et j'ai fait pas mal de clichés, comme un vrai reporter ; je me suis caché derrière le viseur qui devenait pour moi un filtre bien pratique. Mais très vite, j'ai lâché l'appareil dont je n'avais plus du tout besoin. »

« Est-il possible qu'on emporte mon bébé sans que je puisse profiter de ses premiers instants ? »

À la naissance, s'il n'y a pas de problème de réanimation, le bébé est posé sur l'abdomen de sa maman, le meilleur « chauffage à bébés » jamais inventé. Ce tout premier contact est essentiel : non seulement il rassure le nouveau-né, mais il lui permet de conserver sa propre chaleur.

Vous pouvez vous mettre torse nu à cet instant, n'ayez pas honte, et vous pouvez prendre votre bébé sur vous également.

→ ÇA SERT À QUOI, CE CORDON BIZARRE ?

Dès le premier mois, l'embryon, chaudement lové dans la muqueuse de l'utérus, accroche une toute petite ventouse là où va se former le placenta (sorte de « buffet », ouvert jour et nuit). C'est à partir de cette attache que se développe petit à petit le cordon ombilical, un « tuyau » à l'intérieur duquel circulent dans un sens, le sang venant de la maman, et dans l'autre, le sang venant de l'enfant. Le cordon est constitué d'une grosse veine et de deux petites artères : la première transporte l'oxygène maternel, mais aussi l'eau et les sels minéraux précieux, vers le fœtus ; les deux autres ramènent le sang fœtal vers le placenta qui le débarrasse de ses déchets (gaz carbonique, urée, etc.). Au 3e mois de grossesse, le cordon est totalement formé : gélatineux, blanchâtre, luisant et torsadé, il s'allonge et s'épaissit encore au cours de la grossesse. Et au moment de la naissance, il a un diamètre d'environ 2 cm et mesure 50 cm de long.

« Je ne sais pas si j'oserai prendre mon bébé dans les bras. C'est très fragile à cet âge-là, non ? »

Un nouveau-né est beaucoup plus résistant qu'on ne croit. Il vient quand même d'accomplir un voyage extraordinairement long et périlleux : le col de l'utérus est étroit, escarpé, un sombre labyrinthe vertical. Il faut avoir une petite tête, un corps agile et une vraie volonté de fer pour passer. Prendre immédiatement ce bébé dans ses bras, c'est un geste d'accueil fort, vous lui montrez ainsi que vous le reconnaissez comme votre enfant. Lancez-vous tout en sachant que l'équipe soignante est là pour vous guider dans vos premiers pas !

« Est-ce que le score d'Apgar prédit de futurs problèmes psychologiques ou de santé ? »

Non ! C'est vrai qu'aussitôt sorti de sa tanière, alors que vous êtes bien incapable de parier sur le bac qu'il passera (scientifique comme son père ou comme son oncle ?), le bébé est déjà soumis à des examens. Le score d'Apgar ou test d'Apgar permet d'apprécier l'état du nouveau-né dans ses premières minutes de vie extra-utérine. La sage-femme qui accueille votre bébé apprécie 5 paramètres en les cotant de 0 à 2 : rythme cardiaque, respiration, coloration de la peau, tonus musculaire et réactivité (un cœur bien vaillant qui bat au-dessus de 100 est coté 2, s'il est plus mou du genou, c'est 0 ou 1). Lorsque le total est entre 8 et 10 : R.A.S., le bébé va bien. S'il y a une souffrance quelconque, le score est inférieur à 7. En dessous de 5, le bébé est pris d'urgence en charge par le personnel médical. Un bébé peut « rater » son examen d'entrée, être réanimé, et faire Polytechnique vingt ans plus tard. Ce score est noté sur le carnet de santé de l'enfant et il arrive bien souvent que la sage-femme « triche » lorsqu'elle le reporte. Cela, par exemple, afin qu'il ne soit pas éventuellement utilisé pour justifier l'échec scolaire d'un enfant.

« Le bébé ne nous ressemble pas du tout… Est-ce que ça peut encore changer ? »

Il arrive fréquemment qu'un bébé ne ressemble ni à sa maman, ni à son papa et qu'on n'arrive même pas à lui trouver le double menton de mamie Jeannette ou la fossette de tonton Gérard. Ça peut évidemment encore évoluer quelques mois après. Ou pas. Rassurez-vous : vous détecterez très vite chez lui des mimiques, des sourires, des gestes qui vous rappelleront votre compagne ou vous-même. Et vous serez encore plus touchés de déceler à ce moment-là une ressemblance plus subtile qu'une fossette ou une tache sur la fesse…

« Est-ce que le papa peut faire du "peau à peau" avec le bébé après sa naissance, ou est-ce réservé à la maman ? »

À moins de vous trouver dans une maternité ouverte à ce genre de pratiques, c'est à vous d'en faire la demande. Les puéricultrices et sages-femmes vous donneront un coup de main pour installer le bébé et vous rassurer si vous avez peur de ne pas bien vous y prendre. Ce moment privilégié, qui consiste à s'allonger et à poser le bébé face contre soi, peau contre peau, sous votre T-shirt, a des vertus innombrables : rassurer le bébé après le choc de la naissance, créer les conditions d'un bon sommeil, prolonger la vie du bébé dans le ventre (pour la maman), créer le premier contact, une intimité, une complicité (pour le papa). Bercé par les battements de votre cœur, votre bébé s'apaisera et s'endormira sur-le-champ.

« C'est ridicule, mais... ne risque-t-on pas d'échanger notre bébé contre un autre ? »

D'abord, vous pouvez vous rassurer en vous disant que votre compagne, Elle, le reconnaîtrait entre mille si Elle a eu un premier contact de quelques secondes avec lui lorsqu'on le lui a posé sur le ventre. On sait même que les femmes reconnaissent les pleurs de leur bébé dans la nurserie parmi des dizaines d'autres, alors... Et puis, vous n'avez qu'à suivre votre bébé lorsqu'il est emmené par la sage-femme vers la salle de soins (même pour une réanimation, ou après une césarienne, vous pouvez être là à chaque instant et garder un œil sur le bébé). Un soignant n'a pas à refuser votre présence. Jamais. C'est inutile de lui mettre une croix sur le pied avec un marqueur dès qu'il est dans vos bras... Sachez que, dès la sortie du bébé, deux bracelets portant son prénom et son nom lui sont posés, l'un à la cheville, l'autre au bras.

« Je n'ai pas accouché, certes, mais je suis tout de même sur les rotules. Comment le lui dire ? »

Une naissance, c'est comme une très grande claque, une explosion d'émotions longtemps contenues. Certains jeunes pères parlent de cette sensation « d'être passé sous un quinze tonnes ». Ça vous rappelle un truc ? Certes, vous n'avez pas accouché, mais vous y étiez, non ?

Vous avez joué votre rôle, vous avez été tour à tour son soutien, son coach, son confident. Vous avez donné de votre personne, si vous n'avez pas donné de votre corps. En général, on ne pense qu'à l'accouchement physique, alors qu'il est aussi émotionnel, et là, on est à égalité avec les femmes. Votre cœur et votre tête ont largement participé à cet événement qui va changer votre vie...

Il faut savoir dire qu'on a vécu quelque chose de bouleversant, et c'est forcément épuisant. Alors, rentrez à la maison dès que votre compagne et votre bébé dorment. Passez le courrier en revue mais n'ouvrez pas les factures, lisez cinq minutes le journal, éteignez la lumière et dormez.

Vous avez besoin, vous aussi, de récupérer.

« La sage-femme qui accouche ma femme est-elle vraiment médecin ? »

Non. Le recrutement des étudiant(e)s qui se destinent à la formation de sage-femme se fait dans les facultés de médecine, parmi les candidats reçus au concours de fin de première année. La formation préparant au diplôme d'Etat de sage-femme est dispensée pendant quatre ans dans des écoles spécialisées agréées et rattachées à la maternité d'un centre hospitalier.

→ AU FAIT, ELLE EST COMPÉTENTE LA SAGE-FEMME ?

Histoire de vous prouver combien votre femme est entre de bonnes mains, voici en deux mots la fonction de celle (ou celui) qui a fait quatre ans d'études spécifiques après la première année de médecine, et qui suit de A à Z un couple dans le cadre d'une grossesse normale :

1. La sage-femme suit les consultations de la grossesse, la préparation à la naissance (mais ne peut pas prescrire certains médicaments).
2. Au moment de l'accouchement, elle veille sur le bon déroulement du « travail » et peut dépister éventuellement une pathologie (analyse du monitoring, prélèvements sur le fœtus...). Sa limite de compétence, c'est la césarienne et l'instrument opératoire (les forceps et la ventouse). Si elle doit utiliser ces instruments, elle appelle l'obstétricien.
3. Au moment de la naissance, elle peut réanimer un nouveau-né car c'est la première à avoir le bébé dans les bras (ne flippez pas en vous demandant où est la pédiatre, la sage-femme est formée pour ça).
4. Elle a la compétence de suivre la mère et le bébé jusqu'à 1 an. Elle peut examiner un enfant sur le plan pédiatrique et faire la rééducation du périnée (c'est l'exclusivité de la sage-femme pendant les 3 mois qui suivent l'accouchement !). À la maternité, si la grossesse se passe bien, vous pouvez ne croiser que la sage-femme jusqu'au retour à la maison !

➔ CES MOTS QUI FOUTENT LA TROUILLE !

L'accouchement, surtout quand c'est le premier, est un univers peuplé de mots bizarres, parfois angoissants, pas toujours clairs. Voici un petit lexique de la salle de travail…

LA PRÉSENTATION PAR LE SIÈGE

On parle d'accouchement par le siège lorsque l'enfant se présente, au moment de l'accouchement, les fesses en premier. L'accouchement par le siège n'est pas un accouchement anormal, il est simplement plus long qu'un accouchement céphalique. Si le fœtus pèse moins de 4 kg, si le bassin de madame est assez large et si elle donne son consentement éclairé, elle peut accoucher par les voies naturelles. En cas de risque, certains obstétriciens préfèrent faire une césarienne préventive chez une femme primipare (une femme dont c'est le premier enfant).

MONITORING

Ça ressemble à l'unité centrale d'un ordinateur couchée, avec deux capteurs : l'un enregistre les battements cardiaques du bébé, l'autre, les contractions (grâce à lui, vous pouvez voir venir les contractions et vous pouvez aider votre compagne à les vivre moins douloureusement).

La comparaison de ces deux courbes, qui apparaissent sur une bande graphique qui se déroule lentement à côté de vous, permet d'évaluer le comportement *in utero* du bébé.

LES FORCEPS

Il peut arriver que les efforts de la mère restent vains. Dans ce cas et pour limiter la souffrance fœtale, le médecin décide d'avoir recours aux forceps. Appelés aussi « cuillères », ils permettent de faire descendre le bébé en maintenant sa tête. Ils sont utilisés sous péridurale et nécessitent la plupart du temps une épisiotomie. On évite ainsi une éventuelle déchirure du périnée. Quand les forceps sont en place, tenant bien la tête du bébé, le médecin attend la contraction où il pourra tracter l'enfant vers l'extérieur. Cet instrument ne fait absolument pas souffrir le nouveau-né même si des traces peuvent rester. Elles disparaîtront très vite, au bout de quelques jours.

LES SPATULES

Contrairement aux forceps, elles n'aident pas le bébé à descendre en le tenant mais plutôt en poussant les parois du vagin parfois résistant. Elles s'utilisent aussi sous péridurale et nécessitent souvent une épisiotomie. En revanche, elles ne laissent pas de traces sur le crâne de l'enfant.

LA VENTOUSE OBSTÉTRICALE

Comme son nom l'indique, la ventouse vient se coller à la tête du bébé, au moyen d'une pompe à vide. L'obstétricien facilite la sortie de l'enfant en aspirant à chaque contraction, ce qui crée un effet de traction.

« Nous n'avons pas fait de demande de chambre seule, mais si ma compagne est très fatiguée par l'accouchement, que puis-je faire ? »

Même si vous aviez fait une demande de chambre simple, tout dépend de la place disponible à ce moment-là dans la maternité. Si votre compagne est éreintée, essayer de vous arranger avec le personnel soignant. S'il y a de la place, il n'est pas trop tard. Sachez qu'il y a parfois des suppléments à payer (votre mutuelle peut d'ailleurs prendre tout ça en charge) ; il arrive aussi, dans certaines maternités (y compris publiques), qu'il n'y ait que des chambres individuelles (je pense à Robert Debré à Paris). C'est bon à savoir au moment de faire votre choix…

J'oubliais : si votre bébé est né par césarienne, votre compagne bénéficiera d'office d'une chambre individuelle pour mieux se reposer !

→ DIX TRUCS SIMPLES POUR VOUS RENDRE UTILE PENDANT L'ACCOUCHEMENT (SANS GÊNER LE « TRAVAIL »)

Certes, cette « salle de travail » qu'on appelle de plus en plus « salle de naissance », ce n'est pas votre milieu écologique. S'il y a peu de chances pour qu'on vous demande de poser une péridurale, voici quelques trucs que vous pouvez faire pour être un peu plus qu'un pauvre humain décoratif :

1. Laissez tomber les encouragements trop appuyés (« Allez ! Encore un effort ! Vas-y ! oui, c'est ça ! Etc. »), le défaitisme (« Tu te détends trop ! ») ou la trop grande mansuétude (« Ça va, ma chérie ? Tu tiens le coup ? Ça va aller ? »). Si vous en faites des tonnes, vous obtiendrez du stress et pas le calme recherché : votre main dans la sienne suffit à lui montrer que vous êtes là.
2. Ne répétez pas à votre compagne tout ce que dit la sage-femme, ça peut vite faire commentaire de match de foot et c'est énervant.
3. Rafraîchissez-lui le front, les tempes, la nuque avec un linge humide ou un vaporisateur.
4. Aidez-la à récupérer entre deux contractions en lui massant le bas du dos lors des douloureuses contractions lombaires et en la caressant sur les zones de tension.
5. Améliorez son environnement : jouez sur la lumière, mettez de la musique, ouvrez ou fermez les portes selon qu'elle a chaud ou froid…
6. Repérez comment fonctionne la table d'accouchement pour lever le dossier ou le baisser à la demande, histoire de la soulager.
7. D'une manière générale, répondez à toutes ses demandes et intercédez pour elle auprès de l'équipe.
8. Prenez un bain très chaud avec elle : en fin de « travail », il n'y a que ça qui calme les douleurs du dos (dans pas mal de maternités récentes, on trouve une baignoire en « salle de travail » ; il y a un peu moins de baignoires assez grandes pour deux, mais pensez à prendre un maillot).
9. Restez à sa disposition sans nécessairement être dans l'activité : peut-être n'a-t-elle besoin que de vous savoir là, sans attendre de vous une débauche d'énergie.
10. Rappelez-lui le plus souvent possible la finalité de tout ce qu'elle est en train de vivre : le bébé. Après tout, c'est pour lui donner naissance qu'elle endure ça…

MON TRUC EN PLUS

Philippe, 36 ans, papa de Léo, 7 mois.

« Léo est né par césarienne : sa maman n'a donc pas pu assister à son premier bain, son premier change, sa première heure avec nous. J'ai fait un petit film sur les premiers instants de mon fils dans son beau pyjama bleu ciel pour que sa maman puisse vivre ce moment-là aussi. Du coup, elle en a un souvenir aussi précis que moi. »

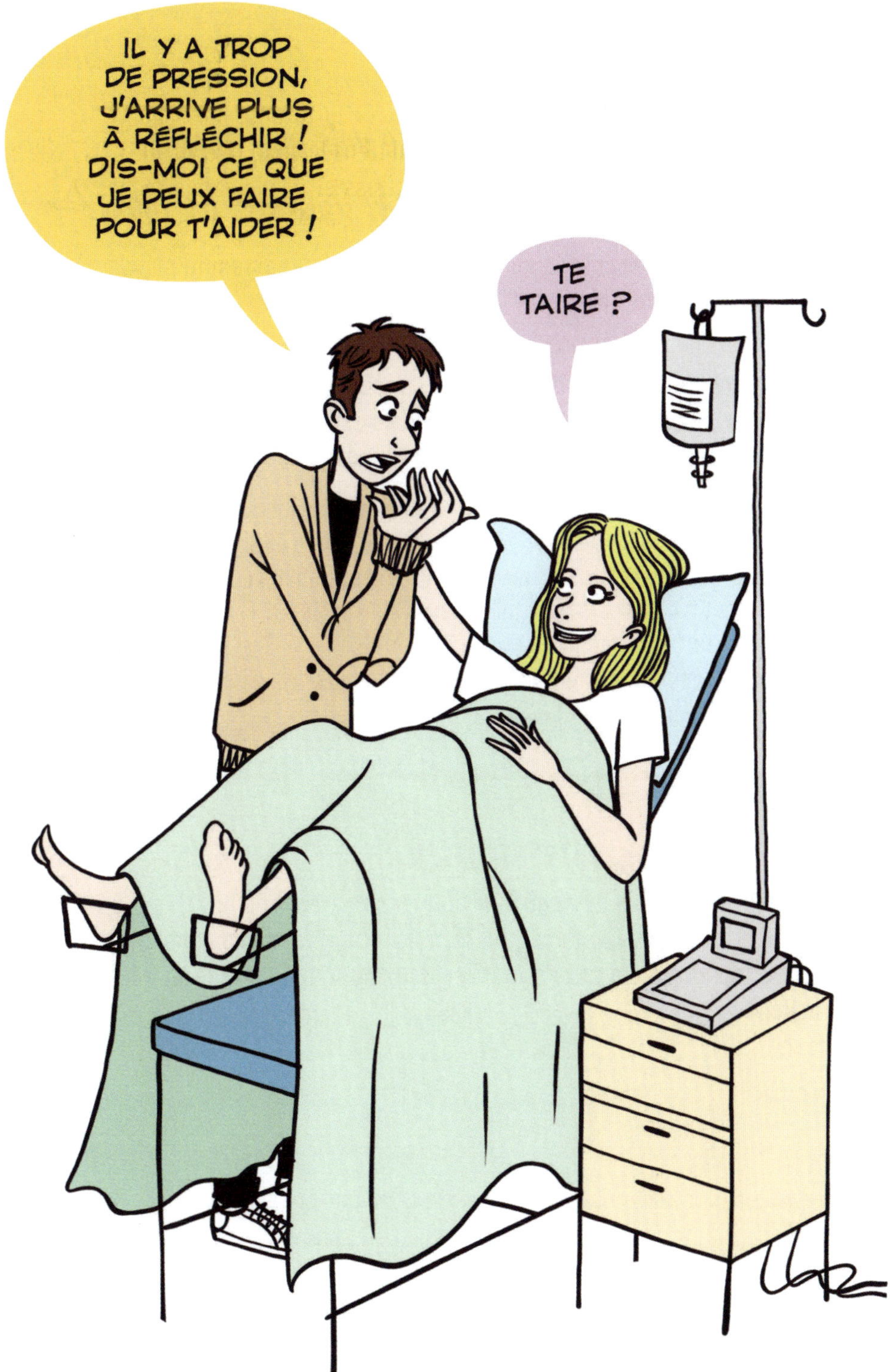
IL Y A TROP DE PRESSION, J'ARRIVE PLUS À RÉFLÉCHIR ! DIS-MOI CE QUE JE PEUX FAIRE POUR T'AIDER !
TE TAIRE ?

« Avec l'émotion, la fatigue, je me vois mal appeler tout le monde. Et puis, est-ce que je trouverai les mots ? »

Vous ferez comme les copains : dès la naissance, vous sauterez sur votre mobile pour prévenir la Terre entière de la naissance du plus beau bébé du monde. Ça vous paraît peut-être bête, mais c'est votre rôle, ça aussi.

Ému, harassé, vous ne trouverez pas forcément vos mots et vos proches ne reconnaîtront peut-être même pas votre voix. Si vous êtes franchement à l'Ouest, vous pouvez presque faire votre office en pilote automatique. Dites à votre interlocuteur, dans l'ordre que vous voudrez :

« Je t'annonce que je suis papa », puis l'heure pile de la naissance (« il/elle est né(e) à 17 h 55 », pas « vers 18 h »). Mieux : « Éloïse est née à 17 h 55 », sa taille et son poids au gramme près, évidemment, la couleur de ses cheveux et de ses yeux, sa ressemblance avec un membre de la famille. Ajoutez que la maman n'a pas souffert (même si elle a souffert). Et puis sachez que la naissance d'un enfant peut être un joli moment de réconciliation. Même si vous êtes lessivé, c'est le moment d'appeler Isa, votre cousine, que vous n'avez pas vue depuis ces vacances foireuses à Montalivet, où elle est partie sans payer son écot.

MON TRUC EN PLUS

Raphaël, 31 ans, papa d'Appolline, 5 semaines.

« J'avais la pétoche, mais j'ai tenu à lui donner son premier bain, c'était une façon de lui dire : "Enfin, nous voilà réunis, on se rencontre !" Cette conversation tactile, j'ai l'impression qu'elle a été utile à tous les deux pour que la relation à la maison soit plus facile. »

ALORS C'EST QUI TON PAPOUNET ?
HEIN, C'EST QUI ?

QUELQUES JOURS À TROIS À LA MATERNITÉ

Enfin seuls ! Les intrus sont partis. Vous voilà tous les trois, en tête-à-tête. Vous n'êtes pas encore un père, ni Elle une mère, vous êtes en train de fabriquer tout ça à votre petit rythme. Au fond, vous vous sentez comme un gros loukoum, sans énergie, sans réaction. Il faut dire que vous venez de vivre un tremblement de terre de magnitude 7 sur une échelle qui va de 1 à... 7.

Là, vous vous dites que vous allez commencer à vivre votre vie de papa, à apprendre dans le calme et la sérénité. Et vlan ! C'est le va-et-vient des puéricultrices, les soins, les visites, les repas. Définitivement, ce n'est pas ici que votre nouvelle vie commence. À la maternité, vous faites plutôt livreur (dans la vitrine, tous les lapins vous font de l'œil) ou garde-chiourme (vous organisez si bien les visites de la famille que vous pourriez vous revendre comme relation publique au musée d'Orsay) comme boulot.

Elle est là pour se reposer ; vous, vous êtes là pour la protéger. La vraie vie, dans votre vraie maison, c'est demain, ou après-demain, qu'elle commence.

« Est-ce que je peux dormir avec eux la première nuit ? »

Dans certaines maternités, un fauteuil convertible sert de lit au papa s'il désire accompagner la maman et le bébé pendant une ou deux nuits. Il faut juste avoir conscience que vous n'êtes pas pensionnaire de l'hôpital : on ne vous servira pas à manger, on ne fera pas votre lit, et l'on ne vous lavera pas votre T-shirt « Je suis papa, et alors ? » Il ne faut pas rêver. Et puis, si l'on peut soutenir la maman la toute première nuit un peu délicate (notamment si elle allaite), il faut aussi utiliser ce temps du soir pour mettre les choses en place dans votre tête, vous régénérer. Plus vous serez zen dans les jours à venir et mieux vous la soutiendrez, plus vous ferez écran efficacement entre son stress et le bébé.

« Comment j'explique aux familles qu'on n'est pas dans un hall de gare ? »

À l'annonce de la naissance, tout le monde, à l'exception des rois mages, voudra (et c'est bien normal) voir et toucher la petite merveille. C'est de votre faute, vous les avez appelés… Même ceux qui détestent l'hôpital et ses vapeurs d'éther sont là, pour vous faire plaisir, souvent. Ayez toujours en tête que le but premier de ce séjour (déjà trop court) à la maternité est de permettre à la maman comme au bébé de se reposer avant le grand saut dans la vraie vie. Alors, prenez les choses en main, instituez un planning, sérieusement (gare au dimanche, où tout le monde veut venir en masse : c'est mieux que le zoo et moins cher que le ciné !). Et si vous ne pouvez faire autrement, instituez un temps de présence (au hasard, 15 minutes par tête) et jetez discrètement, et régulièrement, un coup d'œil à votre compagne, pour voir si Elle se lasse de la discussion avec Untel ou Unetelle. Si c'est le cas, reprenez les choses en main, et dites-lui : « Muriel, ton cousin va arriver… ». Ça devrait suffire pour faire fuir les « occupants » qui ne demanderont pas leur reste. Certes, ce n'est pas la position la plus agréable, mais Elle sera tellement fière de vous si vous gérez ça de main de maître ! Vous verrez, souvent des amis défilent et n'en ont que pour le bébé et la maman. Elle, Elle se sent comme une coquille vide : souriez-lui, parlez-lui, dites-lui qu'Elle est belle, rééquilibrez les choses. Si vos parents respectifs viennent de loin, réservez-leur une chambre à l'hôtel pour être tranquille à la maison. Si certains amis sont aussi venus de loin, proposez-leur d'aller boire un verre au bistrot du coin plutôt que de rester dans la chambre ! Et si vraiment vous pensez ne pas être capable de gérer la situation, vous pouvez toujours n'annoncer la naissance que 3 ou 4 jours après, de façon à rester tous les trois un peu tranquilles. C'est votre droit. L'important est que vous viviez bien les choses.

« J'ai une angoisse soudaine : je n'ai pas lu tous les bouquins qu'on avait achetés… Je vais être largué, nul ! »

Je vous rappelle que vous, vous n'accouchez pas ! Vous n'avez pas besoin de quelque compétence que ce soit. Vous n'avez besoin que de sécuriser votre compagne pour qu'Elle soit libre, et de vivre ce que vous avez à vivre. Ne cherchez pas à faire plus. Vivez votre histoire. Avec le nouveau-né, c'est pareil : on se cherche des modèles dans les livres parce qu'on n'a pas vu nos pères faire. Osez, car a priori, vous ne vivrez rien que vous ne pourrez pas affronter ou résoudre. Il faut vous faire confiance. Apprenez à faire avec ce que vous êtes. Vous n'avez pas besoin de connaître le circuit intégré d'un ordinateur pour taper un texte de votre création, alors…

« Tout est centré sur le bébé depuis 8 jours… Comment fait-on pour retrouver notre couple ? »

Même si la maternité n'est pas le lieu le plus tranquille du monde, essayez de créer une intimité et retrouvez des réflexes de couple. D'accord, Elle a une jolie perfusion qui la nourrit, mais vous pouvez toujours sortir et lui rapporter un bon repas chinois, facile à digérer et tellement romantique ! Apportez une bouteille de champagne et offrez-lui un petit cadeau marquant. Si c'est un bijou, aidez-la à mettre son collier ou ses boucles d'oreilles, tendez-lui un miroir pour qu'Elle puisse se regarder. Dites-lui que vous l'aimez, que vous la trouvez belle, n'économisez pas vos compliments, valorisez-la : Elle a aussi besoin de votre amour pour bien aimer votre enfant. Il faut faire en sorte qu'Elle se sente séduisante à nouveau, alors même que son ventre ressemble à un chamallow, qu'Elle est crevée, que son abdomen est tout flagada et que ses seins sont un peu douloureux.

→ PAS SI MÂLE !

Un papa est-il capable, tout comme une mère, de reconnaître son bébé parmi d'autres en lui caressant simplement le dos de la main ? Les pères sont un peu moins costauds – mais ils se débrouillent pas mal dès lors qu'ils ont eu leur bébé dans les bras pendant une heure au moins : ils sont alors entre 50 et 60 % à reconnaître la chair de leur chair parmi trois nouveau-nés, alors que, dans les mêmes conditions, 65 à 86 % des mères (selon les études), réussissent ce « test ».

Sources : Alan P. Bader et Roger D. Phillips, « Fathers' proficiency at recognizing their newborns by tactile cues », 1999.

« Est-ce que moi aussi, je vais avoir droit au baby blues ? »

Oui, vous aussi vous y aurez peut-être droit. C'est que vous n'avez pas porté bébé neuf mois dans votre ventre, vous ne l'avez pas senti bouger (donc réel). Désormais, vous avez le sentiment qu'il y a quelque chose entre vous et elle (et plus vraiment avec elle). Et encore plus si c'est le premier et que c'est un garçon (donc un rival)… Ajoutez à cela la baisse probable de vos rapports sexuels, le stress de vos nouvelles responsabilités de père, plus la fatigue (si vous vous levez la nuit), ça peut créer un cocktail 100 % déprime dès les premiers jours qui suivent la naissance. Côté symptômes, ne cherchez pas de similitudes avec ce qu'Elle vit, Elle. Les hommes, généralement, ne fondent pas en larmes (ah bon !). Vous ressentirez une frénésie de sorties avec vos potes, vous vous inviterez fréquemment chez papa et maman pour vous faire bichonner comme un enfant. Dans un autre genre, vous pouvez faire des angines chroniques, ressentir des douleurs inexpliquées (dents, douleurs lombaires, maux d'estomac…). Vous pouvez vous mettre à roupiller beaucoup, à n'avoir plus aucun élan, à rentrer de plus en plus tard le soir. Tous ces symptômes se calmeront le temps que vous trouviez votre rythme de croisière, le temps que vous appreniez à vous sentir bien « à trois ».

→ UN CADEAU POUR BÉBÉ, ET POUR LA MAMAN ?

Toujours des idées pour offrir un cadeau au nouveau-né ! Et pour la maman ? Quelques mamans racontent le cadeau qui les a touchées ou celui qu'elles auraient aimé recevoir. Ça peut donner quelques idées…

Sophie

« Pour mon premier accouchement, j'ai reçu en cadeau le livre *Shantala* de Frédéric Leboyer. C'est un livre merveilleux sur les massages, le toucher, avec un texte formidable et des photos sublimes ! »

Sabine

« J'adore l'idée qu'on offre un objet qui n'a rien à voir avec la maternité mais exalte la féminité : un joli pull, de la lingerie, car pendant neuf mois la maman a été chouchoutée, et dès le jour de la naissance, elle n'existe plus en tant que femme mais uniquement en tant que mère. Ce serait même une des raisons du baby blues. »

Élodie

« Un parfum, un rendez-vous chez le coiffeur ou un bon pour un massage dans un joli spa, j'adorerais ! »

Cécile

« Mon mari m'a offert les trois anneaux Cartier dont je rêvais. C'était une jolie attention, lui qui ne m'offre jamais de bijou ! »

Stéphanie

« Moi, je vote pour le soin-massage relaxant en institut de beauté, avec le baby-sitting à la maison pendant ce temps, le rêve, non ? »

Magalie

« Lors de mon accouchement, j'ai reçu des bons pour une agence de baby-sitting. J'ai été très surprise quand je l'ai reçue, mais j'en ai fait bon usage. »

Delphine

« Un pot de foie gras délicieux ! En plus, cela nous a servi de premier repas après la sortie de maternité : mon mari avait "oublié" de faire les courses et c'est quand même plus chouette que les coquillettes ! »

« Dois-je demander la télé dans sa chambre pour qu'Elle ne s'ennuie pas ? »

Vous pouvez si vous payez, vous êtes dans un hôpital après tout (3,40 € la journée). Mais rappelez-vous que ces 5 jours doivent lui permettre de se familiariser avec votre bébé, de le découvrir, de trouver ses marques avec lui. Il faut profiter de cette période, qui passe très vite, de ce moment où vous êtes encadrés par un personnel. Alors, zappez la télé pendant quelques jours, même si on passe « Allô ! maman, ici bébé ».

« Que dois-je faire pour trouver ma place en venant juste deux heures par jour ? »

On a vite fait de vous traiter comme la portion congrue, la pièce rapportée. D'ailleurs, on vous appelle « le mari de la 421 » et l'on vous vire de la chambre séance tenante au moment des soins de madame.

Vous n'étiez pas le bienvenu dans la « salle de travail », et voilà que ça continue. Il faut montrer que vous êtes là ! D'abord, ne vous imposez pas des limites d'horaires, vous n'en avez pas. Même si on a vite fait de vous dire : « Les visites, c'est de 13 h à 20 h », vous n'êtes pas un simple visiteur, vous êtes LE papa ! Occupez les lieux, venez autant que vous le souhaitez, jusqu'à 23 h au moins. Vous pouvez quasiment y vivre, même dans les lieux qui ne sont pas « accueillants ». Il est important que la cellule familiale puisse avoir son intimité dans la maternité. Si le bain est donné à un moment où vous ne pouvez pas être là, demandez au personnel de changer l'emploi du temps pour que vous puissiez y participer. Au besoin, c'est à la maman d'imposer vos souhaits au personnel (« J'aimerais que mon mari donne le bain à mon fils demain… »).

→ TROIS PETITS JOURS ET PUIS S'EN VONT !

D'une semaine en moyenne autrefois, le séjour de la jeune accouchée à la maternité a brutalement chuté, au cours des dix dernières années, à trois jours ! Aucun argument médical ou psychologique ne justifie cette brièveté, sinon la nécessité économique de faire « tourner » les lits. Une nécessité qui devrait d'ailleurs s'accentuer, les maternités des petites villes fermant peu à peu et les femmes enceintes étant progressivement dirigées vers les centres hospitaliers des grandes cités.

« Si Elle allaite, cela va lui déformer ses jolis seins, non ? »

Non ! Trois fois non ! Le sein retrouve toute sa plasticité au bout de 3 ou 4 semaines après l'arrêt progressif de l'allaitement. Pour éviter toute déformation, il suffit de porter un soutien-gorge spécial (oubliez un temps La Perla ou Aubade et leurs fanfreluches olé olé ! On ne vous cachera pas que ces soutiens-gorge d'allaitement ne sont pas les plus sexy du monde) pendant toute la durée de l'allaitement.

« Dois-je m'inquiéter si mon bébé perd du poids depuis sa naissance ? »

C'est tout à fait normal. Pendant quelques jours, le poids global de votre bébé va diminuer alors qu'il n'arrête pas de grossir. C'est paradoxal, mais c'est vrai. Dans le ventre de la maman, le bébé était imbibé d'eau.

On considère que 10 % de son poids est constitué d'eau en trop : s'il perd du poids, il ne fait que perdre cette eau, par la transpiration (due à une activité motrice qu'il n'avait pas), le pipi et le premier caca, noir et visqueux (qu'on appelle plus joliment le méconium), c'est tout. Et si en sortant de la maternité, votre petit bout n'a pas retrouvé son poids de naissance, ça ne va pas tarder !

« Je suis arrivé dans la chambre : Bébé était dans un berceau sous UV et il avait le teint jaune... Il ne souffre pas au moins ? »

Ce que vous appelez « teint jaune » s'appelle « ictère du nourrisson ». Les globules rouges contiennent un pigment rouge : l'hémoglobine. Quand l'hémoglobine est détruite, elle devient bilirubine, un pigment jaune. Vous me voyez venir ? À chaque instant, un nouveau-né (mais un « vieux-né » comme moi aussi) détruit ses vieux globules rouges pour en faire des tout neufs et fabrique de la « jaunisse ». Comme votre bébé naît avec un paquet de globules rouges, il fabrique, en peu de temps, beaucoup de bilirubine, qu'il a du mal à éliminer : d'où ce merveilleux teint jaune qui empêche bébé de draguer pendant 2 ou 3 jours. Les lampes (sous lesquelles on met 30 % des nourrissons) n'ont rien à voir avec des rayons X, comme on me l'a parfois dit. Elles servent à détruire la bilirubine dans la peau. Ce n'est pas douloureux, juste un peu fatigant. Pendant un ou deux jours, vous ne pourrez pas le prendre dans vos bras et il devrait un peu moins manger, c'est tout.

« Il a 8 jours et il sourit dès que je lui parle de l'OM. Il aime déjà le foot, ou c'est pour me faire plaisir ? »

Désolé de vous décevoir, mais au cours du premier mois au moins, on appelle ça « sourire aux anges », c'est-à-dire que ce sourire béat, qui vous fait fondre comme un glaçon dans un verre de Suze, ne vous est pas destiné, ni à vous ni à une autre personne présente dans la pièce. Tourné vers le vague, vers le ciel, d'où son nom, ce sourire-là ne concerne que la partie basse du visage. Le sourire complice, le sourire échange commence, lui, dès le deuxième mois ; il englobe alors les yeux. Et si, vers cet âge-là, votre enfant vous sourit à l'énoncé des résultats de votre club de foot préféré, il a peut-être déjà la fibre...

MON TRUC EN PLUS

Philippe, 32 ans, papa de Maud, 10 mois.

« À la naissance de ma fille, j'ai voulu marquer le coup et remercier ma compagne d'avoir porté notre enfant. Elle portait depuis très longtemps une bague sans valeur qu'elle adore. Je l'ai subtilisée et j'ai fait monter dessus des diamants. Je lui ai offert ce cadeau à ma première visite à la maternité. »

« Que dois-je faire à la maison avant qu'Elle revienne ? »

Faites en sorte que son retour soit le plus facile possible. Votre compagne est déjà submergée par l'émotion : dès qu'Elle pense à ce retour au quotidien, à tout ce qu'Elle va avoir à gérer, à organiser, les larmes lui viennent en cascade. C'est pourquoi il est essentiel que vous édifiez un nid douillet avant son arrivée avec bébé. Stockez des conserves et des surgelés (comme si vous deviez tenir un siège), du papier hygiénique, des packs de lait, des biberons déjà prêts dans le réfrigérateur (si elle n'allaite pas), et pensez à balancer les restes de pizza d'hier soir. Fleurissez l'appartement, changez les draps (les femmes adorent les draps frais), rangez vos chaussettes sales de la semaine, faites deux ou trois lessives pour qu'Elle ait des vêtements propres, videz la poubelle et passez l'aspirateur. Payez-vous une femme de ménage les deux ou trois premières semaines, vous n'imaginez pas comme vous lui ferez plaisir.

« Ça fait trois jours que je cafarde en revenant seul le soir à la maison… Qu'est-ce que je peux faire ? »

Dès que vous êtes hors des murs de la maternité, faites-vous prendre en charge (c'est bon de pouvoir se reposer une dernière fois sur des épaules adultes et bienveillantes) si vous vous sentez vide, si vous ne voulez pas rester seul à mariner dans votre émotion et vos questions.

D'ailleurs, il y a tout à parier que si vous rentriez chez vous, vous ne vous feriez même pas à manger, vous traîneriez… Vous pouvez aussi sortir faire la fête avec des copains, célébrer votre paternité, un réflexe qui est un vieux rituel dans de nombreuses civilisations. Vous pouvez encore simplement rentrer à la maison et passer des dizaines de coups de fil à des copains (« C'est un ange ! Tu ne peux pas imaginer ! Il n'a même pas pleuré pour son premier bain ! J'ai l'impression qu'on forme déjà une famille... ») : parler de vous, sans vous étourdir ailleurs, ça fait du bien. Enfin, vous pouvez décider de ramener votre compagne et votre enfant le plus vite possible à la maison en les faisant suivre à domicile. Oui, vous êtes en droit d'imposer votre avis par rapport à ce que vous vivez en tant que père.

« Les infirmières le couchent sur le côté, mais n'est-ce pas plus prudent de le mettre sur le dos ? »

Beaucoup d'études ont démontré qu'il y avait une importante réduction du risque de « mort subite du nourrisson » en couchant les bébés sur le dos ou sur le côté. Dormir sur le dos évite d'enfouir son nez dans les draps, ce qui peut gêner le nouveau-né, en cas de régurgitations, par exemple. Il est inutile de vous réveiller en pleine nuit pour vérifier sa position : jusqu'à l'âge de 5 ou 6 mois, votre petite merveille est bien incapable de se retourner ! Si vous faites dormir votre bébé sur le côté (une fois à gauche, une fois à droite pour éviter les déformations du crâne), placez quand même une cale dans son dos. Et si votre bébé refuse de s'endormir sur le dos, laissez-le trouver le sommeil sur le ventre et, dès qu'il est endormi, retournez-le sur le dos ! Si ça peut vous rassurer...

« Mon fils se tortille en poussant des petits cris perçants... On m'a parlé de coliques, de quoi s'agit-il ? »

D'abord, elles n'ont rien à voir avec les diarrhées ! Physiologiquement, il s'agit de contractions du gros côlon, parfois brutales et répétées. Elles sont le lot quotidien du nouveau-né pendant ses trois premiers mois.

On pense que les coliques seraient liées à l'immaturité du système digestif et sont souvent accompagnées de gaz. Ne vous inquiétez pas, ça passera et en attendant, veillez à ce qu'il n'avale pas trop d'air en buvant et massez-lui le ventre.

« Faut-il le faire dormir dans un lit à sa taille ou peut-il trouver le sommeil dans un couchage plus grand ? »

Si vous avez déjà acheté un lit à barreaux, placez un couffin à l'intérieur dans lequel vous ferez dormir le bébé. Rappelez-vous qu'il était, il n'y a pas si longtemps encore, dans un espace fermé et très étroit pendant 9 mois… Si vous n'avez pas de couffin, déposez autour de lui 2 ou 3 coussins. Les premiers temps, vous trouverez normal de lui décoller la tête ou le dos des barreaux de son lit dans son sommeil. C'est inutile : il a recherché ce contact qui lui rappelle l'étroitesse et le mœlleux du ventre de maman. Vous pouvez l'en éloigner 10 fois, il retrouvera 10 fois cette même position.

COMMENT CRÉER UNE COMPLICITÉ AVEC LUI ?

Vous ne savez pas par quel bout prendre cette étrange créature qu'ils appellent « votre fille »… En plus, votre compagne a décidé d'allaiter. Vous qui pensiez que le biberon était le seul moyen d'entrer en contact avec votre enfant, vous voilà bien… Voici quelques conseils pour vous aider à tisser des liens pas à pas avec votre bébé :

1. Ce n'est pas en nourrissant un bébé qu'on est le plus proche de lui. C'est toujours à travers le biberon que les hommes se projettent le plus naturellement dans leur relation avec le nourrisson, parce que c'est visuel, très concret.
2. Entrez dans son univers ! Autrement dit : prenez-en soin, donnez-lui du réconfort, faites-lui prendre son bain et changez ses couches ! Le toucher est un puissant moyen de communication avec le nouveau-né. Plus vous serez « en contact » avec lui, plus vite se tisseront les liens d'attachement.
3. Prenez-le : il adore votre contact ! Si vous avez du mal à tenir votre bébé dans une position confortable, essayez d'abord de le faire pendant qu'il est assoupi. Laissez-le dormir contre vous… Vous découvrirez une sensation si agréable…
4. Servez-vous du porte-bébé offert par vos collègues. Installez-le dans une écharpe ou dans un porte-bébé ventral. La plupart des bébés aiment le mouvement et l'intimité.
5. Passez des moments seul à seul. Vous gagnerez de l'assurance si vous passez du temps seul avec votre bébé sans que personne ne se tienne prêt à vous tirer d'embarras ou vous donne le sentiment qu'on vous observe. Commencez par de courtes séances (entre une demi-heure et une heure) après que bébé a pris son repas.

HAHA !!! T'AS VU, J'AI FAIT UNE RANGÉE DE TROIS BONBONS... MAIS REGARDE CE QUI SE PASSE QUAND J'EN ALIGNE CINQ !!!

« Qu'est-ce que c'est exactement les "suites de couches ?" »

C'est la période (dénommée aussi « post-partum ») qui s'étend de l'accouchement jusqu'à la réapparition des règles. Cette transition, marquée par des modifications physiologiques importantes et un sacré retentissement psychologique, signe le retour de l'organisme à son état d'avant la grossesse. La perte de poids s'amorce – elle sera d'environ 5 à 9 kg (elle ne sera totale qu'après 6 mois. Alors seulement un régime peut être démarré). L'utérus évolue pour retrouver sa place et son volume ; il aura réintégré le pelvis au bout du 12e jour et ne sera donc plus palpable par le biais de l'abdomen. Les pertes sanguines (lochies) débutent – tout à fait normales – et cesseront entre 15 et 30 jours après l'accouchement. Puis les différents organes reprennent leur place. C'est aussi la période de l'établissement de la lactation. « Le retour de couches » désigne les premières règles survenant après l'accouchement.

« Mon neveu avait la tête toute plate à la naissance. On peut éviter ça ? »

Certains nourrissons ont la fâcheuse tendance à tourner leur tête toujours du même côté dans leur berceau, leur lit ou leur couffin. Il faut dire que les muscles cervicaux des nouveau-nés sont assez faibles et ne leur permettent pas de changer de position une fois la tête tournée.

Rapidement, un côté de leur crâne a tendance à s'aplatir : on appelle ça la « plagiocéphalie positionnelle ». Près des deux tiers des nourrissons qui présentent ce « syndrome du crâne plat » sont des... garçons. Et pourquoi ? Ils ont tendance à être moins actifs que les filles dans les premiers mois de leur vie, et lorsqu'ils prennent une position, ils la conservent. Chez eux, comme chez les filles, la déformation commence à être relativement apparente vers le 2e mois, alors que le crâne était bien rond à la naissance. Si votre bébé présente un léger aplatissement du crâne, dormez tranquille : il ne s'agit que d'un léger désagrément esthétique qui disparaîtra de lui-même avant son premier anniversaire.

Le développement psychomoteur de l'enfant n'est pas en cause. Si la déformation est plus prononcée, mais décelée assez tôt, des exercices de positionnement, qui consistent notamment à empêcher le nourrisson de se coucher sur la région aplatie, devraient suffire.

→ LE CONTRE-POSITIONNEMENT, ÇA MARCHE !

1. Changez quotidiennement la place du bébé dans le berceau : les jours pairs, sa tête peut-être placée à la tête du berceau, et les jours impairs, elle l'est au pied.
2. Changez de place les jouets, les mobiles et le berceau : de cette façon, la tête du bébé tournera dans toutes les directions pour voir les objets, les photos et les personnes qu'il affectionne (les premières semaines, il est très attiré par les visages alors abusez de ce stratagème et collez des photos de vous du côté du lit où vous désirez qu'il se tourne).
3. Variez la position du bébé lorsqu'il est dans vos bras : que vous le nourrissiez au biberon ou que vous l'allaitiez, changez-le de côté, passez-le du bras gauche au bras droit.

« Mon fils n'a pas l'air de nous ressembler, ni à sa maman, ni à moi. Comment est-ce possible ? »

Le patrimoine génétique de votre bébé lui vient pour moitié de sa maman, pour l'autre de vous. Chacun de vos gènes est donc présent en double exemplaire. Quant à savoir qui l'emportera... Si vous avez les yeux marron et que la maman les a bleus, il y a plus de chances que votre bébé ait les yeux marron car le marron est "dominant" et le bleu "récessif". Mais si vous avez, vous et sa maman, les yeux marron, et que votre petit bout a les yeux bleus, ne cherchez pas : il suffit de remonter dans la lignée familiale, il y a bien un frère ou un oncle aux yeux bleus.

Il peut ne pas vous ressembler, mais il tient tous ses caractères des générations qui l'ont précédé.

« J'ai les yeux marron, ma compagne les a bleus, mon bébé aura-t-il les yeux clairs ? »

Il faut savoir que le gène « yeux bleus » est récessif. Autrement dit, il doit exister en double exemplaire (l'un transmis par la maman, l'autre par le papa) pour pouvoir s'exprimer. Vous ne pourrez donc avoir un bébé aux yeux bleus que si vous-même lui transmettez un gène « yeux bleus ». Mais en possédez-vous un ? Impossible de le savoir. Chez vous, c'est le gène dominant « yeux marron » qui s'est exprimé. Il peut cacher un second gène marron, comme il peut en cacher un bleu. Votre compagne, en revanche, est forcément porteuse de deux gènes bleus puisqu'elle a les yeux bleus. Première hypothèse : vous êtes porteur de deux gènes marron. C'est joué d'avance : votre « marron » va l'emporter sur le « bleu » de madame. Seconde hypothèse : vous êtes porteur d'un gène caché « yeux bleus ». Il y a alors une chance sur quatre pour que vous ayez une petite fille ou un petit gars aux yeux bleus.

→ JE FAIS MON INTÉRESSANT !

Si votre compagne allaite, déconseillez-lui d'utiliser systématiquement des bouts de seins en silicone sous prétexte que le bébé ne « tire pas » : ça empêche le bébé de coller sa bouche contre l'aréole et crée donc des crevasses sur le sein !

« Si ma femme allaite, comment faire pour ne pas me sentir exclu pendant la tétée ? »

Votre rôle à vous, c'est de tout faire pour que l'allaitement se passe bien pour votre bébé, la maman, et vous-même. Si vous trouvez gênant que votre femme allaite en public, dites-le lui, et restez tous les trois. Aidez-la à s'installer confortablement, créez un environnement le plus paisible possible : débranchez le téléphone, prévoyez du temps devant vous. Et pendant la tétée, si vous en avez envie, pourquoi ne pas enlacer votre femme ? Votre compagne ainsi rassurée par vos bras accueillants, la tétée devrait en être facilitée, et votre sentiment de rejet, calmé.

« Dès que j'ai su que c'était un garçon, j'ai eu l'angoisse du décalottage. Je vais y arriver sur un truc aussi petit ? »

Décalotter consiste à découvrir l'extrémité de la verge en repoussant le prépuce qui recouvre le gland pour effectuer des soins d'hygiène. Mais il ne faut jamais décalotter un nouveau-né sans quoi vous risquez d'entraîner une déchirure de l'orifice prépucial et de constituer un phimosis cicatriciel. Laissez faire la nature. Ne forcez pas, le décalottage est plus facile durant la deuxième année, mais parfois, il faut attendre jusqu'à l'âge de 4 ans.

« Je ne sais pas si je supporterai l'odeur du caca quand je le changerai... »

L'odeur du caca des enfants des autres, c'est une horreur ! Mais je vous assure que l'odeur du caca de votre propre bébé, elle, est tout à fait supportable.

« Quel est le temps idéal d'un biberon ? »

On peut dire qu'une tétée dure environ 20 ou 30 minutes (sachant que vous pouvez faire une ou deux pauses pour lui permettre de faire ses rots). Ne vous satisfaisez pas de voir votre bébé avaler son biberon au lance-pierre, comme si vous étiez un bon père nourricier. Si vous voulez le voir se tordre de douleur pour cause de coliques, il n'y a pas mieux...

« On m'a dit qu'il devait prendre 30 g par jour, mais il ne les prend pas : est-ce que je dois m'inquiéter ? »

Un conseil d'abord : balancez le pèse-bébé par la première fenêtre venue ! (même si c'est un cadeau de la tata Roger.) La balance à la maison, c'est anxiogène. Si vous êtes inquiet et que vous voulez le faire peser, mieux vaut qu'il y ait un professionnel pour interpréter les résultats et vous rassurer dans la foulée : allez à la PMI (protection maternelle et infantile) de votre quartier. Maintenant, sachez qu'un nouveau-né doit grossir régulièrement mais pas linéairement. Quand on vous dit qu'il doit prendre 30 g par jour, ça ne signifie pas qu'il doit prendre 30 g chaque jour, mais que sur un mois, il doit prendre environ 1 kg. Oubliez les barèmes, et faites-lui confiance : s'il va bien, s'il vous semble bien, il va grossir. C'est inutile de le peser en dehors des consultations pédiatriques mensuelles, sauf s'il souffre de diarrhées, s'il vomit tout le temps (si votre compagne allaite, c'est pareil : on ne pèse pas le bébé après la tétée). Quand on le pèse, il faut se réjouir qu'il ait pris 20 ou 160 g. S'il grossit, c'est qu'il va bien. S'il n'a pas pris, pesez-le 48 heures après, il aura grossi, vous verrez.

« Il vaut mieux le changer avant ou après son biberon ? »

Au moment même où il tète, le nouveau-né fait caca. Pas après, pendant ! Si vous le changez avant la tétée (souvent, il est affamé, donc il hurle), vous êtes bon pour recommencer si vous ne voulez pas qu'il reste dans sa couche sale jusqu'au repas suivant (dans 3 heures). La meilleure solution, c'est donc de le changer après son repas. Avec un peu de pratique, vous apprendrez vite à lui mettre une couche propre dans son sommeil, sans le déranger, et surtout sans qu'il régurgite.

« Elle ne veut pas allaiter. Je trouve ça anormal… Tous les mammifères le font, non ? Et puis, n'est-ce pas meilleur pour la santé de l'enfant ? »

L'essentiel, c'est qu'elle soit en accord avec elle-même. Vous savez, l'allaitement, quel qu'il soit, n'est pas seulement un acte nourricier, c'est aussi une vraie preuve d'amour, un partage, une communication grâce à de petits mots gentils. Dites-vous que mieux vaut un biberon donné avec beaucoup d'amour et de tendresse qu'un allaitement au sein contraint. Un lien réussi entre une maman et son enfant ne passe pas forcément par l'allaitement au sein. D'ailleurs, si l'on glorifie la richesse nutritionnelle du lait maternel aujourd'hui (il est bourré d'anticorps à l'image du colostrum, quelques gouttes extrêmement sucrées, très riches en calories et en protéines, émises par les seins avant chaque tétée) au détriment du biberon, c'était à peu près l'inverse, il y a vingt-cinq ans ! Et puis, si vous devez discuter de ses raisons profondes, la décision d'allaiter doit être le résultat d'une réflexion totalement personnelle.

« Si elle allaite, j'ai peur qu'elle ne puisse plus se détacher de notre bébé… »

Des milliards d'enfants sur Terre sont nourris au sein et s'en sortent plutôt bien, merci ! Un bébé nourri au sein est si rassuré, si sécurisé, qu'il n'a pas peur de perdre sa maman. Et le besoin de maternage de la maman est tellement satisfait qu'Elle laisse son bébé plus facilement en garde, à la famille ou chez une nourrice, ce qui facilite la reprise d'une vraie vie de couple aussi.

« Ma femme va-t-elle garder des séquelles de son accouchement ? »

Ce qu'on demande aux jeunes mamans, c'est de ne rien porter de lourd et d'éviter toute activité trop fatigante pendant quarante jours après l'accouchement. Et si elle subit une épisiotomie, tout se cicatrise en cinq jours, mais la cicatrice peut rester un peu douloureuse pendant quelques mois. C'est tout.

« Ma compagne semble épuisée. Puis-je demander qu'Elle reste un ou deux jours de plus à la maternité ? »

Sauf si vous tombez sur une maternité qui déborde de naissances, il y a peu de risques qu'on jette votre moitié dehors. D'ailleurs, si l'équipe soignante sent qu'Elle n'est pas tout à fait prête, qu'Elle panique ou qu'Elle est simplement épuisée, elle lui proposera de la garder un ou deux jours de plus.

Quoi qu'il arrive, il vous faut intégrer l'idée, et aider votre compagne à faire de même, que le séjour à la maternité est très court. Il faut l'y préparer, et vous y préparer, il faut surtout le voir comme une chance d'être enfin chez soi pour démarrer sa nouvelle vie, plutôt que comme une sanction.

« Je dois acheter des vêtements pour mon fils, mais je suis perdu dans les modèles... »

Les vêtements pour bébés doivent d'abord être faciles à enfiler: de larges encolures et d'amples emmanchures vous éviteront bien des tracas. Rejetez d'emblée les brassières dont le col est orné de rubans ou de liens qui peuvent étrangler l'enfant ; évitez les laines à poil long comme l'angora dont l'enfant peut inhaler les poils ; évitez enfin les vêtements en pure laine, souvent irritants pour la peau de votre bébé. Même si vous craquez devant les minuscules pyjamas tout mignons, évitez de trop acheter d'un seul coup : un bébé, ça pousse très vite !

VOUS PENSEZ QUE ÇA POURRAIT ALLER À MON FILS ? IL A 3 MOIS, MAIS IL EST GRAND POUR SON ÂGE !

→ COMMENT S'Y RETROUVER DANS LES TAILLES DE VÊTEMENTS

Certaines marques proposent une taille « naissance » qui convient souvent aux jumeaux ou aux bébés prématurés, rarement aux autres. Alors si vous voulez éviter d'avoir à retourner à la boutique aussitôt que vous en êtes sorti, oubliez ! Allez-y d'emblée pour la taille « 1 mois » et lisez ce petit pense-bête pas bête du tout.

- Il mesure de 48 à 56 cm : prenez la taille « 1 mois »
- Il mesure de 57 à 65 cm : 3 mois
- Il mesure de 66 à 72 cm : 6 mois
- Il mesure de 73 à 77 cm : 12 mois
- Il mesure de 78 à 81 cm : 18 mois
- Il mesure de 82 à 89 cm : 2 ans
- Il mesure de 90 à 97 cm : 3 ans

Dernière chose : pensez à stocker des vêtements pour les mois suivants, car il y a fort à parier que vos amis et parents vont plutôt vous acheter des vêtements de naissance...

MON TRUC EN PLUS

Bruno, 35 ans, papa de Linda, 4 mois et demi.

« À la maternité, j'étais tout fier d'apporter des vêtements à ma fille. Mais j'avais tout acheté en taille 0 : tout était trop petit. Choisissez plutôt du « 3 mois » dès le début, même si vous devez retrousser les manches pendant quelques jours. »

« Elle n'a pas dormi du tout la première nuit à la maternité. Est-ce que c'est inquiétant ? »

Non ! Et cela n'a rien à voir à voir avec un accouchement rapide et peu éprouvant. Il s'agit d'un phénomène physiologique : du fait de la proximité de son bébé et du « peau à peau » de la naissance, il y a activation et sécrétion massive d'ocytocine, l'hormone qui maintient la femme en éveil. C'est un phénomène participant à l'attachement et permettant à la mère de veiller sur son nouveau-né le premier jour.

Il n'est pas impossible non plus qu'elle ait passé toute la nuit à scruter sa petite merveille, à détailler le moindre geste de ce bébé qu'elle découvre. Il se peut aussi, si elle est un peu angoissée, qu'elle se soit réveillée régulièrement – c'est assez courant - pour vérifier que votre bébé allait bien, qu'il respirait correctement. De toute façon, la confiance et le sommeil vont avoir vite fait de la rattraper !

« Une puéricultrice m'a dit que mon bébé souffrait d'un érythème fessier. Quelle est cette maladie ? »

Deux bébés sur trois de moins de 1 an en souffrent. Vous avez déjà moins peur, hein ? Peu exposée au soleil et à l'air, et souvent à touche-touche avec l'humidité des selles et de l'urine, la peau des fesses de votre bébé s'irrite et développe des infections comme l'érythème fessier. Ça se présente comme une irruption, des points rouges autour des fesses. Rien de grave à signaler !

À chaque change, lavez ses fesses avec de l'eau et un savon ou un gel surgras plutôt qu'avec des lingettes plus agressives. Essuyez-les délicatement sans frotter, en tapotant. Ajoutez une crème : une bonne vieille couche de pommade à base d'oxyde de zinc pour isoler la peau, mais ne mettez jamais de talc par-dessus. Et puis, deux ou trois fois par jour, laissez donc votre bébé cul nu : il y a un risque d'accident, mais l'érythème, lui, rendra grâce. Changez-le deux fois plus souvent qu'en temps normal pour lui éviter un contact prolongé avec les petits pipis ou les gros cacas.

« Ça dort vraiment comme une marmotte, un bébé ? »

Les premières semaines, ce fainéant roupille en moyenne 17 à 18 heures par jour. Ce sommeil est capital, il lui permet de compléter sa maturation cérébrale et de développer son corps. C'est pendant le sommeil que l'organisme produit le plus d'hormones de croissance ; c'est aussi au cours de ces premières semaines que l'horloge interne se cale. Les trois premiers mois, au fond, c'est la faim qui le réveille toutes les 3 ou 4 heures. Sinon, il dormirait encore…

→ N'ÉCOUTEZ PAS VOTRE MÈRE (NI VOTRE BELLE-MÈRE) !

N'ayez cure de toutes ces bêtises que vous allez entendre, ces conseils à deux centimes d'euro qui vous seront gentiment prodigués. Et ça vient de partout…

1. « Laisse-le pleurer, ça lui fait les poumons » : au contraire, il est impératif d'intervenir au plus vite : ses larmes sont une ébauche de communication, et ne pas lui répondre, c'est refuser l'échange.
2. « Il te teste, fais attention, il va devenir capricieux » : un bébé ne pleure jamais par caprice avant 4 mois au moins, il veut vous dire quelque chose, mais on n'a pas forcément le dictionnaire au début. Il est important de réagir à ses pleurs de bébé : il saura ainsi que les autres s'occupent de lui et qu'il peut vous faire confiance, cela développera sa maturité psychologique et le rendra indépendant.
3. « Partez vite pendant qu'il ne vous voit pas » : même tout bébé, il faut dire à votre enfant où vous partez, et combien de temps. Comment voulez-vous qu'il construise une confiance en vous s'il pense que vous pouvez vous échapper en douce n'importe quand ?
4. « Lionel n'a jamais eu de tétine, il n'en est pas mort » : vu sous cet angle, c'est vrai ! Mais il existe des bébés pour qui la succion est indispensable et qui ne trouvent jamais leur pouce. Allez-y, ça le rassurera.
5. « Il a les mains froides, couvre-le donc » : un bébé a toujours les mains froides.
6. « Il n'a pas sommeil, c'est inutile de le coucher » : au contraire, il ne faut pas attendre qu'un bébé ait sommeil pour le coucher. Il a besoin de sommeil pour la sécrétion de l'hormone de croissance. Alors, couchez-le quand vous le sentez, un peu après qu'il a mangé.
7. « Il faut lui donner du jus d'orange pour éviter le scorbut » : je ne vous ferai pas l'affront de vous demander l'âge de votre mère (ou belle-mère), mais le scorbut a disparu de nos contrées depuis plusieurs décennies. Alors, vous pouvez attendre quelques mois pour le jus d'orange.
8. « La tétine, ça les empêche de s'exprimer » : la tétine à 12 ans, pendant le dîner familial, oui, mais à 1 mois et demi…
9. « Tu n'as qu'à lui mettre de la farine dans son biberon, il te les fera, ses nuits » : le gaver avec des farines peut provoquer chez lui des coliques, ce qui troublera encore davantage ses nuits. Si vous lui donnez à manger tout ce dont il a besoin, selon ses propres rythmes, il fera ses nuits.

« Mon fils a dormi comme un loir la première nuit à la maternité et maintenant, il se réveille en pleine nuit. Que se passe-t-il ? »

Vous découvrez que les nuits d'un nouveau-né se suivent mais ne se ressemblent pas du tout. Bien souvent, au cours de la première nuit, les bébés dorment beaucoup car ils sont fatigués par leur naissance ; la deuxième nuit, elle, n'a rien à voir. Le bébé est un peu perdu, et on le comprend : il n'a plus ses repères, il n'entend plus le bruit des battements de cœur de sa maman, il est soudain dans un très grand lit… Il y a les visites qu'il n'y avait pas forcément le premier jour, du bruit, du monde, trop de lumière. Bref, c'est la panique ! Alors il s'agite, il pleure toutes les heures, il se réveille : on appelle ça la « java de la 2e nuit », c'est dire ! Il n'y a guère qu'un seul remède : le prendre dans vos bras et le cajoler.

« Est-ce qu'il va bien porter mon joli nom si j'oublie de le déclarer ? »

Si vous êtes mariés, pas de panique, c'est une employée de l'état civil qui s'occupera des formalités. Dans les maternités publiques, elle passe directement dans la chambre (n'oubliez pas de glisser le livret de famille dans le sac de votre compagne, Elle n'y pensera pas forcément). Si vous n'êtes pas mariés, vous devez vous rendre à la mairie du lieu de l'accouchement dans les trois jours qui suivent la naissance (si le troisième jour tombe un week-end, vous avez jusqu'au jour ouvrable suivant) avec votre livret de famille et le certificat remis par la sage-femme qui a procédé à l'accouchement. L'officier d'état civil vous remet un carnet de santé. Passé ce délai de trois jours, c'est le tribunal de grande instance qui se chargera des formalités et ça vous coûtera plus cher qu'une poussette ou une table à langer, c'est moi qui vous le dis.

MON TRUC EN PLUS

Chen, 32 ans, papa de Sydney, 7 semaines, et d'Éliott, 27 mois.

« Pour aider Éliott, mon fils aîné, à accueillir sa petite sœur, je lui ai acheté une voiture avant d'aller à la maternité et je lui ai dit : "Voilà un cadeau de la part de maman et de moi pour fêter l'arrivée de ta petite sœur !" »

Eddy, 28 ans, papa de Maria, 3 mois et demi

« J'ai lu quelque part que les bébés avaient besoin de contact pour dormir : quand Maria n'arrive pas à s'endormir, il m'arrive de la mettre dans un couffin et de mettre le couffin dans le lit. Elle s'endort bien comme ça. Ça marche très bien aussi avec une grande boîte en carton dans laquelle je mets un pull à moi. »

→ JE FAIS MON INTÉRESSANT !

Dites-lui : « Il ne faut pas te laver les seins avant la tétée pour ne pas éliminer les huiles sécrétées par les tubercules de Mont-gomery, les petites glandes situées sur l'aréole. C'est grâce à ce liquide odoriférant que le bébé est attiré par ton sein. »

Racontez-lui qu'au Pays basque, au XIXe siècle, la mère se levait sitôt après avoir accouché et faisait le ménage de fond en comble, tandis que l'homme, lui, se couchait, pouponnait et recevait les félicitations des voisins. En même temps, il n'est pas certain qu'Elle vous croie sur parole !

Après la tétée, il est courant que bébé recrache quelques gorgées de lait. Les régurgitations sont fréquentes, les premières semaines, et proviennent de l'immaturité de l'estomac. Pas d'affolement donc, tant que la courbe de croissance de bébé se poursuit normalement. En cas de régurgitations, ne manipulez pas trop bébé ; ne le couchez pas trop vite après son repas et, surtout, prenez votre temps pour lui donner le sein ou le biberon. Vous pouvez toujours lui donner le même volume de lait par jour, mais réparti en plus de prises de moindre quantité.

« Si je ne suis pas marié, comment reconnaître mon enfant ? »

Reconnaître son enfant, c'est l'inscrire dans une histoire familiale, lui dire d'où il vient. Évidemment, pour une femme, la filiation va de soi : si elle accouche d'un enfant, c'est le sien, un point c'est tout. Quant à vous, le futur père, si vous n'êtes pas marié avec la maman de l'enfant, il vous faut le reconnaître, faute de quoi vous n'aurez aucun droit sur lui, notamment concernant son éducation. Et si vous vous séparez de la mère, vous n'existerez plus aux yeux de la loi ! Soit vous vous rendez tous les deux dans n'importe quelle mairie pendant la grossesse, munis de vos pièces d'identité et d'un certificat de grossesse, pour reconnaître votre enfant (on appelle ça la « reconnaissance sur le ventre ») ; soit vous le faites à la naissance, en vous rendant à la mairie dans les trois premiers jours après l'accouchement, au même moment que la déclaration. Au guichet de l'état civil, vous donnez le nom de la mère et vous déclarez reconnaître cet enfant. Si vous ne reconnaissez pas l'enfant, il portera le nom de la maman.

Il est également possible de reconnaître un enfant devant un notaire, si vous souhaitez garder la naissance secrète. Il suffit de demander de ne pas mentionner la reconnaissance en marge de l'acte de naissance. Cela permet par exemple à un homme marié de reconnaître discrètement l'enfant qu'il a conçu hors mariage. Le nom du père sera tenu secret jusqu'au jour de son décès.

« Ma compagne voudrait que nous donnions nos deux noms à notre fille. Est-ce vraiment légal ? »

Depuis le 1er janvier 2005, votre enfant peut recevoir pour nom de famille celui de son père, celui de sa mère ou encore les deux à la fois, à condition que soit remplie une « déclaration conjointe de choix de nom ». En revanche, en l'absence de déclaration ou en cas de désaccord, l'enfant portera systématiquement le nom de son père. Si les parents font chacun une déclaration de leur côté, l'enfant recevra le patronyme du parent qui l'a déclaré en premier. Évidemment, cette loi n'est pas rétroactive et ne concerne donc que les enfants nés après le 1er janvier 2005.

« Dois-je acheter des chaussures à mon bébé ? »

On a pensé pendant longtemps que dès qu'un bébé arrivait à se mettre debout, il était bénéfique de lui enfiler des chaussures montantes, histoire de bien maintenir sa cheville et de soutenir sa voûte plantaire.

En fait, tant que le bébé ne marche pas à l'extérieur, rien ne presse !

D'ailleurs, le fait de marcher pieds nus lui permet de muscler sa voûte plantaire et de bien sentir le sol. Attention papa attentionné : s'il s'agit de carrelage, de lino ou de toute autre surface glissante, il existe des grenouillères avec semelles antidérapantes.

« Comment habiller Bébé à sa sortie de la maternité ? »

Comme vous. Je veux dire pas avec les mêmes marques (à moins que vous ne vous habilliez, vous, chez DPAM), mais avec le même type de vêtements, en ajoutant simplement une couche (il ne marche pas, lui).

« J'ai un boulot monstre... Est-ce que je dois absolument être présent le jour de la sortie de la maternité ? »

Si vous ne deviez prendre qu'un seul jour, c'est bien celui-là ! C'est tellement important d'accueillir à la maison votre compagne, d'abord (le couple reprend réalité comme ça), et le bébé. C'est peut-être plus signifiant d'être présent pour cet accueil que de couper le cordon. Venez un peu plus tôt, éventuellement prenez votre demi-journée, il y a juste à faire enregistrer la sortie de votre compagne, c'est tout. Mais il faut être là. Après ce temps suspendu, votre compagne devra trouver de nouveaux repères. Et seul, on panique vite. Autant votre présence est facultative à la maternité, autant votre rôle à la sortie est déterminant.

Je vous dis ça au cas où vous auriez prévu de lever le pied au bureau le jour de la naissance pour reprendre de plus bel 5 ou 6 jours après. Non, vraiment, c'est à ce moment-là qu'il faut prendre des vacances ou poser le congé de paternité.

« Est-ce que je peux mettre mon bébé dans un siège auto s'il a 4 jours ? »

Si vous comptiez le transporter dans son couffin ou à l'arrière du véhicule, dans vos bras, oubliez ! Un simple choc à 20 km/h demanderait des bras d'une force capable de retenir 400 kg. Comme ça, personnellement, je n'en connais pas !

Quelques jours avant d'aller chercher votre petite famille à la maternité, achetez un siège auto « dos à la route » : il protège mieux la tête et le cou du bébé, les parties les plus fragiles de son corps, et il ne prend qu'une seule place (vous ne pouvez pas mettre un siège auto à une place équipée d'un airbag, inutile de vous faire un dessin...). Si on vous prête un siège auto (ou que vous en louez un), assurez-vous qu'il correspond encore aux règles de sécurité exigées, que sa ceinture n'est pas détériorée, qu'il n'a subi aucun choc et qu'il est adapté à la taille et au poids de l'enfant. Sachez qu'après un accident, le siège n'est plus fiable.

→ LES POINTS À CONTRÔLER AVANT L'ACHAT D'UN SIÈGE AUTO

- Le siège est-il homologué (lettre E), donc conforme aux critères de la norme européenne ECE R 44/04 ?
- La ceinture de sécurité de la voiture est-elle suffisamment longue pour attacher le siège auto ?
- Le siège s'installe-t-il facilement dans la voiture ? Je vous suggère de l'essayer avant de l'acheter si c'est possible.
- Le harnais du siège est-il réglable en fonction de la taille du bébé ?
- Ce siège peut-il s'installer à la place centrale arrière avec ceinture deux points ?
- Le siège est-il bien équipé d'un harnais avec sangle d'entrejambe (pour bien retenir votre enfant) ?

→ COMMENT EXPLIQUER QU'UN BÉBÉ, CE N'EST PAS FORCÉMENT BEAU

Vous l'aviez imaginé comme un avantageux mélange entre vos jolis yeux et la belle bouche de maman. Et l'on est loin du compte. Ne soyez pas perplexes. Autant vous préparer à tout, et notamment aux réflexions un peu déplacées des copains, car un bébé, les premiers jours, ça n'est pas forcément la huitième merveille du monde (même s'il le deviendra vite, on vous fait confiance).

IL A LA TÊTE D'UN PRIX NOBEL !

Le crâne un peu asymétrique, déformé, ou en pain de sucre, c'est assez courant. Ces déformations sont liées aux pressions que la tête subit pendant l'accouchement. Le petit crâne retrouve son joli arrondi en deux semaines.

SES BOUTONS, C'EST PIRE QUE L'ACNÉ DE MON COUSIN !

Ces petits boutons rouges avec une pointe blanche au centre, c'est une rétention de sébum sans gravité qui disparaît en 1 ou 2 semaines et ne nécessite aucun soin. Ouf !

IL A DES SEINS OU QUOI ?

Cette poussée mammaire liée au taux élevé de prolactine touche les filles comme les garçons. Cela apparaît le quatrième jour et peut durer 4 à 6 semaines. Il n'y a pas de traitement, cela disparaîtra tout seul.

IL EST TACHETÉ COMME LA TANTE JEANNE !

Fréquemment, la prolifération de petits vaisseaux sur les paupières, le front et la nuque, est à l'origine des angiomes plans, comme on les appelle. Ils peuvent aller du rose pâle au rouge foncé. Ces taches disparaîtront avant l'âge de 3 ans, sans aucun traitement.

IL A LA TÊTE D'ELEPHANT MAN !

Au cours des contractions, quand le col n'est pas assez ouvert, l'enfant va taper par les contractions contre le col de la maman : il naît avec des grosses bosses, avec un énorme hématome assez volumineux, une bosse molle.

IL A LE ZIZI TOUT GONFLÉ !

Si l'un des testicules est plus volumineux que l'autre, il peut s'agir d'un épanchement de liquide entre les deux feuillets de l'enveloppe du testicule : les médecins parlent d'hydrocèle. Généralement, cette grosseur régresse en quelques mois. Quant à la vulve de la petite fille, elle peut être légèrement bombée sous l'influence des hormones maternelles ou, plus rarement, tuméfiée au cours d'un accouchement par le siège. Ce petit hématome se résorbe spontanément et, s'il est un peu douloureux, les infirmières donneront du paracétamol au bébé pour le soulager.

IL A LE REGARD DE DALIDA !

Les trois premiers mois, les bébés ont une vision de près : ils regardent leur nez et ils louchent. S'ajoute à ça une immaturité des petits muscles qui commandent l'œil, trop faibles encore pour maintenir le globe oculaire au centre. Le plus souvent, tout rentre dans l'ordre dans les trois premiers mois.

IL A LA PEAU DE MA BELLE-MÈRE !

Si votre enfant est né à terme, et a fortiori quelques jours après, c'est normal. À la fin de la grossesse, en effet, le *vernix caseosa*, la pellicule qui recouvre et protège la peau du fœtus, commence à se diluer dans le liquide amniotique. Certains bébés naissent avec une peau très sèche et souvent de petites fissures aux plis des poignets, des coudes et des genoux. Il suffit de le masser chaque jour avec un lait hydratant pour que sa peau devienne toute douce.

IL EST ROUGE COMME UNE PIVOINE !

Votre bébé a sans doute un fort taux d'hémoglobine, une protéine contenue dans les globules rouges. La cause demeure inconnue, mais c'est une particularité qu'on retrouve fréquemment chez les gros bébés « qui ont bien pompé dans les réserves maternelles ». En 2 ou 3 mois, le taux d'hémoglobine se régularisera et le teint de votre champion redeviendra rosé.

IL EST POILU COMME UN SINGE !

Ces poils fins, souvent très longs, recouvrent les fœtus (les bébés méditerranéens en ont souvent plus que les autres). Ce duvet laineux, appelé lanugo, tombe généralement peu de temps avant la naissance, mais pas toujours. Ce n'est qu'une question de temps : il s'estompera spontanément en 3 semaines, et ce bébé ne sera pas forcément un adulte très poilu.

IL EST BLEU OU QUOI ?

Les pieds et les mains froids, les doigts et les orteils légèrement bleutés aux extrémités… C'est fréquent ! La première semaine qui suit la naissance, le système circulatoire n'est pas mature et le sang ne parvient pas encore à irriguer correctement les extrémités.

En attendant, vous pouvez réchauffer votre bébé en massant doucement ses doigts et ses orteils.

IL A LA DENT DU BONHEUR.

Entre nous, selon la légende, c'était le cas de Napoléon. Pourquoi pas, en effet, puisque, avant la naissance déjà, la denture est formée et présente dans les gencives. Pour autant, cette petite tache blanche que vous prenez pour une dent est certainement un kyste gingival (poche de liquide) qui se résorbera spontanément.

C'EST LE PREMIER NOUVEAU-NÉ QU'ILS VOIENT, ILS NE PEUVENT PAS SAVOIR QUE LE CRÂNE VA FINIR DE SE FORMER AVEC LE TEMPS.
OUI, BEN C'EST PAS UNE RAISON POUR DIRE QU'IL RESSEMBLE "UN PEU" À UN PANCAKE !

« Je voudrais acheter un cadeau pour mon bébé qui vient de naître. Quel type de jouet puis-je choisir ? »

Entre 0 et 1 mois, le nourrisson a déjà beaucoup à faire et à découvrir dans son nouvel environnement. De douceur et de tranquillité, voilà ce dont il a besoin pour partir à la découverte. On peut lui offrir quelques jeux, mais il faut veiller à ne pas stimuler trop intensément ses sens. Ses jeux préférés : des peluches ou tissus doux pour les caresses, une boîte à musique (en veillant à ce que les sonorités ne soient pas agressives).

LE TOP 10 DES JOUETS QU'IL VA ADORER

Entre 0 et 3 mois, inutile de lui acheter un circuit 24 ou une Playstation 3 (ou alors, c'est intéressé !). Voici quelques idées qui marchent à tous les coups :

NAISSANCE

- Lili Poulette musicale (23 €)
- La farandole des cubes (14,90 €)
- Doudou MP3 (45 €)
- Jeu de pêche en tissu : un canard et trois poissons aimantés (12 €)
- Hochet-poignet Hoppo et Moompa (9,90 €)

3 MOIS

- L'arbre d'activités (19,90 €)
- Lucien, mon lapin d'activités (30 €)
- Baguette magique hochet (9,90 €)
- Tableau double face 20 activités (75 €)
- Crabe « push and go » (17,50 €)

À commander chez Graine d'éveil (VPC) : 0 892 35 07 77 ou sur www.eveiletjeux.com

AUX P'TITS SOINS

À la maternité, assistez au bain chaque jour, vous n'aurez pas trop d'une fois pour assimiler cette séance. Et, revenu chez vous, je vous conseille de dispatcher les différents soins au cours des différents changes de la journée pour éviter que votre bébé s'énerve et s'agite dans tous les sens.

LES SOINS DU CORDON… « EUH, VAS-Y, FAIS-LE ! »

Chaque jour, jusqu'à la chute du cordon, désinfectez le nombril avec de l'alcool (60 % vol.) à l'aide d'une petite compresse ou d'un coton-tige, puis appliquez de l'éosine aqueuse. Pas de panique : s'il grogne, c'est que le produit est froid. On laisse le nombril à l'air pour qu'il sèche, et l'on replie juste le haut de la couche pour que le cordon ne soit pas en contact avec l'urine.

LES YEUX… « FACILE ! »

Pas technique pour un sou, c'est à la portée de n'importe quel papa empoté : le bébé ne dit rien, alors vous pouvez commencer par ça.

Passez une compresse mouillée de sérum au bord de l'œil, en allant du coin interne (le plus propre) vers l'extérieur. Utilisez une compresse à chaque passage. S'il reste des sécrétions, versez une petite goutte de sérum dans l'œil et essuyez avec un coton.

LES OREILLES… « PLUS SUBTIL »

Plutôt qu'un coton-tige, même « spécial bébé » (en forme de goutte), qui va pousser le cérumen au fond du conduit jusqu'à former un bouchon douloureux, optez pour le coton humide, imbibé de sérum ou d'eau tiède, qui accroche les impuretés. Passez-le en surface, en suivant les contours du pavillon, sans entrer dans le conduit. Et n'oubliez pas de vous promener aussi derrière l'oreille.

LE NEZ… « UN PEU COMPLIQUÉ »

Prenez un petit morceau de coton vrillé à la taille de sa narine et imbibé de sérum, introduisez-le pour accrocher et éliminer les mucosités apparentes. Si le nez est encore pris, prenez une dosette de sérum et injectez-en une moitié dans chaque narine : chaque fois, penchez la tête du bébé du côté opposé à la narine pour laisser couler le liquide.

Récupérez les mucosités avec un coton.

LES CHEVEUX... « TROP FACILE ! »

La peau de certains bébés produit un excès de sébum, entraînant une petite irruption cutanée due à l'obstruction des pores (ces « croûtes de lait » n'ont donc rien à voir avec le lait). Dans le bain, déposez du shampooing sur sa tête, frottez doucement, laissez reposer. Lavez-lui le corps, puis revenez à la tête et grattez doucement les croûtes au peigne fin : elles se détachent. Vous pouvez aussi « ramollir » ces croûtes de lait avec de la vaseline ou une crème spéciale pendant la nuit. Au matin, brossez le petit duvet avec une brosse douce (pas la vôtre, surtout !).

LES ONGLES... « TRÈS DÉLICAT POUR LES GROS DOIGTS DE PAPA »

Pour éviter que votre bébé se griffe la figure, coupez-lui les ongles avec vos doigts (avant 1 mois, les ongles sont mous et se détachent facilement) ou une lime. Pendant sa digestion, il est alors dans un semi-coma (à la sortie du bain, les ongles se ramollissent), prenez ses doigts fermement dans une de vos mains et limez-lui les ongles de l'autre en essayant de donner une forme arrondie.

LA PEAU... « UN VRAI BONHEUR ! »

Laissez tomber l'eau du robinet, trop calcaire, et le savon, et utilisez juste un coton imbibé d'eau thermale en brumisateur pour le nettoyer (n'oubliez pas les plis du cou où il transpire beaucoup).

MON TRUC EN PLUS

Eddie, 31 ans, papa d'Iris, 4 mois.

« Iris est du genre "agitée"... Alors, pour qu'elle tienne en place au moment où je lui nettoie les fesses, je glisse un hochet dans ma bouche, qu'elle fixe du regard. Fascinée, elle s'immobilise quelques poignées de secondes. »

Sébastien, 26 ans, papa d'Anna, 9 mois.

« Ayant toujours eu la frousse d'ébouillanter ma fille, j'ai très vite pris l'habitude de passer son biberon sous un filet d'eau bien chaude pendant 40 secondes. »

➔ « REGARDE, PAPA ! C'EST FOU CE QUE JE SAIS FAIRE ! »

Vous pensiez que la petite crevette que je suis était un tube digestif sur pattes incapable de faire quoi que ce soit ? Aidez-moi en respectant ce que j'aime ou pas et en me rassurant de mille manières. J'ai besoin de communiquer, d'être cajolé et de vous entendre. Plus vous me stimulerez, plus vite je grandirai ! Disons que je sais déjà pas mal de trucs, et que j'en apprendrai énormément peu à peu. Au début :

- Je vois : un peu flou, les formes et ce qui bouge, assez près de moi (à 20 ou 25 cm), comme le visage de papa dont je perçois les contours. Une lumière forte me gêne, mais j'adore les couleurs primaires, le bleu, le rouge, le jaune (surtout le rouge !) et suis attiré par les jolis motifs. Je n'ai pas la mise au point intégrée… Je ne reconnais pas les visages des copains de papa et maman, mais j'aime les visages.
- J'entends : bien sûr, depuis ma vie fœtale. Certains bruits me dérangent et me font sursauter (cris, portes qui claquent, machines…) alors que d'autres m'apaisent et me rassurent (musique ou voix douce). Je décrypte votre humeur dans le ton de votre voix. Et si vous chuchotez près de moi quand je dors, vous me verrez remuer un peu, ma respiration changera de rythme, mes yeux cligneront. Je reconnais entre mille la voix de maman, pas forcément celle de papa. En général, que je sois un garçon ou une fille, je préfère les voix féminines.
- J'apprécie : déjà certains goûts et odeurs. Mais inutile de faire des expériences. Ne vous étonnez pas si je réagis à des parfums trop forts ou au goût du lait de maman, qui varie selon son alimentation.

Merci de mettre le maximum de douceur dans tout ce qui m'entoure (gestes, tissus, bruits…).

« Si c'est la panique au retour à la maison, par qui peut-on se faire aider ? »

Vous ne serez pas lâché dans la nature ! Le centre de PMI (Protection maternelle et infantile) le plus proche de votre domicile est votre premier référent. Vous pouvez y consulter un pédiatre quand vous voulez, au rythme où vous le souhaitez ou demander conseil à une puéricultrice, y compris par téléphone. Pensez aussi au pharmacien du coin qui peut vous renseigner, en cas de gros doute, sur les laits, les couches, la poussée de boutons soudaine… Anticipez et choisissez votre pédiatre assez tôt : c'est le meilleur interlocuteur pour apaiser vos inquiétudes.

« Ma compagne voudrait que le bébé ne dorme pas avec elle. Dois-je m'inquiéter ? »

Elle n'est pas pour autant une mauvaise mère, rassurez-vous. Ce qui est important, dans ce domaine comme dans d'autres, c'est qu'elle soit en accord avec son ressenti. Si elle réagit ainsi, c'est peut-être qu'elle est fatiguée. Il est toutefois primordial pour l'établissement du lien affectif que la maman passe du temps avec son bébé dans ces premiers jours. Mieux vaut que vous restiez dormir une nuit pour la soulager et l'encourager. Si vraiment elle est trop épuisée, vous pouvez demander que le bébé dorme une nuit à la nurserie… C'est à elle de juger et à vous d'intercéder auprès de l'équipe !

« Ça consiste en quoi, le congé parental d'éducation ? »

Dans « congé parental », le mot « congé » est un tout petit peu trompeur. C'est vrai que c'est séduisant de faire une longue pause avec le bébé qui vient d'arriver sans avoir sur le dos ni les collègues, ni le patron, en oubliant les horaires, les transports… Si vous faites ce choix, pensez que vous aurez la charge du bébé, de ses repas, de ses soins, sans oublier les courses, les lessives, le ménage… Au-delà de ça, cette parenthèse unique dans votre vie mérite cent fois d'être vécue. D'une durée initiale de 1 an au maximum (il peut être prolongé deux fois), il peut être pris jusqu'aux trois ans révolus de l'enfant, par maman ou papa, c'est au choix. Pendant cette période, pas de salaire forcément, mais vous pouvez éventuellement bénéficier d'une allocation de 522,11 € à taux plein. Ça ne pèse pas lourd, mais c'est mieux que rien…

→ TRAVAILLER MOINS POUR POUPONNER PLUS

Depuis le 1er janvier 2002, vous pouvez enfin, comme tous les pères, savourer l'arrivée de bébé en famille. Il est important de le prendre, au moins symboliquement, pour qu'on ne revienne pas en arrière en cas d'échec.

1. Vous y avez droit, à moins que vous n'exerciez une profession libérale, que vous soyez chef d'entreprise, artisan, salarié (peu importe la nature du contrat de travail), stagiaire en formation professionnelle ou chômeur (si vous avez bénéficié d'une allocation Assedic dans les 12 derniers mois).
2. Ce congé, d'une durée de 11 jours consécutifs (samedi, dimanche et jours fériés inclus) et de 18 jours pour les grossesses multiples, peut être accolé aux 3 jours alloués dans le cadre du congé naissance. Par ailleurs, ce congé n'est pas fractionnable.
3. Le congé peut se prendre, au plus tôt après le congé des 3 jours, et au plus tard dans les 4 mois suivants la naissance du bébé : il est destiné à faciliter l'élaboration de la relation précoce papa-bébé. En cas d'hospitalisation de votre bébé, vous pouvez demander le report de ce congé à la fin de l'hospitalisation.
4. Vous en bénéficiez quelle que soit votre situation familiale : marié, concubin, pacsé, divorcé, séparé.
5. Comme pour un congé maternité, vous êtes payé par la Sécurité sociale au prorata de votre salaire avec un plafond maximal de 78,39 € par jour dans les départements de la Moselle, du Bas-Rhin et du Haut-Rhin ; 80,04 € par jour dans les autres départements (ce plafond explique en partie le refus de certains papas de prendre leur congé : sur certains salaires élevés, la perte de revenus peut être importante). Si votre salaire dépasse ce plafond, votre employeur pourra compléter jusqu'à concurrence de votre salaire réel : tout dépend de votre convention collective, ce n'est pas une obligation. Renseignez-vous auprès de celui-ci.
6. Vous devez :
   - Prévenir votre employeur par écrit (lettre recommandée avec accusé de réception) au moins 1 mois avant le début du congé, en indiquant la date de retour.
   - Envoyer à votre centre de Sécurité sociale et à votre employeur un extrait d'acte de naissance, ou une copie du livret de famille (à jour, avec bébé, bien sûr), ou un extrait d'acte de reconnaissance.

« Le congé paternité va-t-il changer de nature dans les mois qui viennent ? »

Allongé de moitié ou rendu obligatoire, un congé paternité remodelé pourrait effectivement bientôt voir le jour. À la proposition du Medef de la rendre obligatoire a répondu un rapport de l'Inspection générale des Affaires sociales (Igas) qui propose l'idée d'un « congé d'accueil » de l'enfant de huit semaines à partager entre les parents après la naissance. Avec l'idée, à chaque fois, que ce congé nouvelle génération ne profiterait pas seulement au papa. L'implication dans la vie de famille est d'ailleurs une aspiration masculine ; 77 % des hommes souhaiteraient voir le congé paternité renforcé selon une enquête LH2/Équilibres parue dans le Figaro.

MON TRUC EN PLUS

Bertrand, 29 ans, papa de Noémie, 13 mois.

« En rentrant à la maison, j'ai loué un petit berceau à roulettes en Plexiglas, tout transparent, le même que celui qu'ils utilisent à la maternité. C'était très pratique pour veiller sur Noémie et la transporter partout avec nous, dans tous les coins de la maison. »

Thierry, 42 ans, papa de Léonie, 11 mois

« J'ai pris mon congé paternité un mois après la naissance de Léonie. À son retour de la maternité, ma compagne a été très encadrée par ses parents. Moi, j'ai préféré attendre un peu afin qu'on puisse partir en Bretagne tous les trois au moment où ma fille serait moins fragile. L'idée était de se retrouver vraiment tous les trois et de permettre à Cécile de respirer un autre air. »

ACTE 4

LE RODAGE DE LA PREMIÈRE SEMAINE À LA MAISON

Vous voilà vraiment couronné papa ! Comme adoubé par votre enfant. Là, avec quelques jours de recul, de digestion, vous savez que rien ne sera jamais plus comme avant. Tant mieux ? Tant pis ?
Vous êtes sur les rotules, et pourtant, il va falloir tenir bon : les premières semaines sont cruciales, on vous l'a dit. Vous, le bordélique militant, votre organisation est draconienne. Vous sortez faire un marché rapide, vous réparez l'armoire à pharmacie, vous louez un film via Internet, vous changez le bébé, vous lui nettoyez le nez… Et à ceux qui pensent encore qu'un nourrisson est une sorte de légume, je demande : a-t-on jamais vu un légume dévorer, pleurer, rire et dormir toute la journée ?
Vous allez en vivre des nuits à ne plus savoir où vous êtes : quel jour ? Quel mois ? Quelle année ?
À vous endormir sur le biberon… comme un bébé.
Vous êtes en pleine période de rodage, vous faites vos armes de papa.

« Faut-il faire faire le tour du propriétaire à notre bébé ? »

À votre retour à la maison, prenez-vous quelques minutes pour faire découvrir à votre enfant son nouveau décor (« Tu vois, c'est ici que nous vivons »). Vous rigolez en vous disant qu'il ne comprend pas ? Erreur.

C'est vous qui introduisez votre bébé au monde, on vous l'a assez dit. Eh bien, cette présentation passe par là : vous délimiterez ainsi l'espace dans lequel il vivra désormais. Baladez-vous de pièce en pièce, commentez (« Tu vois, c'est ici qu'on te donnera à manger »), sans pour autant entrer dans les détails (« Ça, c'est la lampe que maman a cassée deux fois déjà… Et ça, c'est les chaussettes que papa doit ranger depuis samedi »), quoique… De la même façon, présentez-lui toute nouvelle personne avec qui il aura des relations (« C'est Agathe, ta tata… Tu veux bien qu'elle te prenne dans ses bras ? »).

« Je me sens cloche quand je parle à mon fils âgé d'un mois. Je dois continuer à lui parler de la pluie et du beau temps ? »

Parlez-lui beaucoup, mais inutile de vous transformer en moulin à paroles sous prétexte qu'on vous a dit de communiquer. Parlez surtout de ce qui se passe à ce moment-là. Si vous lui mettez ses chaussettes, parlez-lui de ça. Si vous tenez un hochet, parlez du hochet. Puis secouez le hochet et parlez du bruit. Gardez la discussion centrée sur le monde de bébé et assurez-vous que vous lui parlez directement. Parlez-lui de choses qu'il peut voir plutôt que de celles dont il doit se rappeler. Voir l'objet et entendre le mot en même temps aidera l'enfant à créer un lien plus fort entre les deux. Progressivement, vous devez arriver à mettre des mots sur ses émotions pour le protéger, le sécuriser. S'il pleure, adressez-vous à lui en lui demandant : « Tu n'aimes pas rester tout seul, c'est ça ? » Cette démarche lui permettra de se sentir accepté, compris par vous, et aimé bien évidemment.

MON TRUC EN PLUS

Thibault, 40 ans, papa d'Alphonse, 9 mois.

« Quand mon fils pleure et que je n'ai pas de tétine sous la main, je dévisse la tétine d'un biberon et j'y glisse une compresse stérile pour éviter qu'il avale de l'air. »

...ET POUR FINIR, UNE MAGNIFIQUE CHAMBRE DOTÉE D'UN PARQUET VITRIFIÉ GARANTI SANS ÉCHARDE, D'UNE PEINTURE COULEUR SABLE DU BENGALE SANS SOLVANTS, D'UN DOUBLE VITRAGE ANTIBRUIT POUR UN SOMMEIL DE QUALITÉ ET UN BABYPHONE HIGH-TECH QUI VOUS PERMETTRA DE CONTACTER UN PARENT EN CAS DE BESOIN.

« Il faut vraiment que je m'adresse à lui dans la ridicule langue des bébés ? »

Parlez-lui toujours sur un ton joyeux, ce qui ne devrait pas vous poser trop de problèmes car la plupart des adultes adoptent automatiquement une voix enfantine quand ils sont face à un nouveau-né. Exagérez les expressions et les gestes : vous vous sentirez peut-être un peu bête, mais ça permettra à votre bébé de mieux vous comprendre. Veillez aussi à ce que votre visage ait une expression heureuse, de cette façon bébé commencera à associer le fait de parler à quelque chose de plaisant.

Utilisez des phrases courtes et des mots simples. Au début les bébés peuvent seulement assimiler des informations simples. Utilisez des noms pour bien identifier les choses. Par exemple, demandez « Où est le livre ? » plutôt que « Où il est ? ». Appelez-le par son prénom. Il est encore trop petit pour comprendre les pronoms comme « toi », « moi », « ton » et ainsi de suite. À la place, dites « Léo a tout bu ».

« J'ai entendu parler du système des listes de naissance. Comment fonctionne-t-il ? »

À l'approche de la naissance de l'enfant chéri, la famille vous harcèle pour savoir ce qui vous ferait plaisir. Dès la naissance, vous allez recevoir en pagaille des cadeaux (pas toujours très utiles). Évidemment, il est délicat de demander que l'on vous offre tel ou tel objet et, dans le feu de l'action, vous risquez de suggérer un tapis d'éveil à la fois à mamie Michèle et au bon copain Fabrice ! Néanmoins quelques conseils savamment distillés à ceux qui veulent vous faire plaisir vous éviteront le petit pull mauve à grosses mailles dont le ton ne vous semble pas avantager bébé ou encore de vous trouver à la tête de quatre porte-bébés et trois gigoteuses.

Petite sœur de la liste de mariage, la « liste de naissance » adopte le même fonctionnement : on choisit un magasin où l'on sélectionne une série d'objets qui figureront sur la liste ; les amis et la famille déposent une somme pour les acquérir et il n'y a plus qu'à les récupérer. Choisissez les éléments de la liste en songeant à toutes les bourses, pour éviter à vos amis de se sentir frustrés à l'idée de ne vous offrir « qu'une » roue de la poussette-canne, plutôt qu'un petit body ou une jolie peluche. Si l'on vous pose la question du cadeau, mentionnez que vous avez déposé une liste et observez la réaction de votre interlocuteur ! Moins délicat mais efficace : glissez le nom du magasin lors de l'envoi du faire-part avec la mention : « Ma liste de naissance a été déposée à… »

→ MES CONSEILS POUR ACHETER MOINS CHER

1. Pensez aux magasins d'usine. On y trouve 30 % moins cher des articles de marque, de la collection précédente généralement, et des réductions encore plus importantes sont appliquées pendant les soldes. Aujourd'hui quasiment toutes les régions ont leurs magasins d'usine ou des succursales de chaînes vestimentaires.
2. Achetez avant ! Profitez des mois qui précèdent la naissance du bébé pour saisir les occasions. Attendez, sans impatience, les promotions et les soldes, soyez aux aguets ! 25 % ou parfois même 40 % de réduction sur un achat par correspondance, cela fait une grosse différence pour votre bourse. Acheter en grande quantité réduit également la facture : par paquets de 200, vous gagnez jusqu'à 20 centimes d'euro par couche. Faites vos comptes, c'est loin d'être négligeable !
3. Faites-vous prêter, échangez ! Au rythme où bébé pousse, mieux vaut se prêter des vêtements au sein de la famille ou entre copains. Première règle en la matière : n'empruntez que ce qui vous plaît (inutile de faire plaisir à la bonne copine en acceptant des pyjamas à pois pour les laisser dans le placard !) et faites des listes pour savoir qui vous a prêté quoi. Seconde règle : avant de rendre les vêtements qui vous ont été prêtés, lavez-les bien et repassez-les, c'est à ce prix seulement que la chaîne se poursuivra !

→ LE MATÉRIEL DONT VOUS N'AUREZ JAMAIS BESOIN

Il y a toujours un bon copain, ou un magazine sympa pour vous conseiller d'acheter tel ou tel appareil super pratique qui, à chaque fois, reste au fond du placard. Voici ce que vous pouvez oublier d'acheter :

1. Écoute-bébé : à part pour jouer deux minutes avec vos potes à « Zebra 3, j'écoute », ça ne sert pas à grand-chose à moins d'avoir un jardin. Vous entendrez toujours le bébé, et si sa chambre est trop loin de la vôtre, faites-le dormir dans votre chambre les premières semaines. *Économie : environ 99 euros.*

2. **Télé-bébé :** une grosse caméra-boule qui se dirige à distance et voit même dans le noir et qui ne fera que le conditionner à s'inscrire à *Secret Story* 2020. *Économie : 280 euros.*
3. **Stérilisateur électrique :** vous y plongez pendant quelques minutes biberon et tétines pour tuer les bactéries. Vous avez pensé à la casserole d'eau bouillante ? *Économie : 90 euros.*
4. **Pèse-bébé électronique :** ça ne sert à rien peser votre bébé même s'il est nourri au sein, mieux vaut aller à la PMI. *Économie : 150 euros.*
5. **Parc à bébé :** votre enfant déambule sans pouvoir se sauver si vous avez le dos tourné. Et la barrière à fixer à la porte de sa chambre alors ? *Économie : 150 euros.*
6. **Baby-Cook :** il cuit les légumes à la vapeur et les mixe, mais vous avez sûrement déjà un mixeur. *Économie : 45 euros.*
7. **Chauffe-biberon :** une simple casserole d'eau fera parfaitement l'affaire. *Économie : 50 euros.*
8. **Humidificateur d'air :** il diffuse de la vapeur d'eau dans la chambre de votre enfant (et vous croyez qu'un bol d'eau ne fera pas aussi bien l'affaire ?). *Économie : environ 70 euros.*
9. **La bulle de nature** qui émet des bruits d'oiseaux et même les battements cœur de papa ou maman ! *Économie : 30 euros.*

Économie totale : environ 1150 euros, soit 191 heures de baby-sitting ou un long et beau week-end en amoureux dans un palace de la côte normande.

« Je veux m'occuper du transport de mon bébé, mais j'ignore s'il faut acheter une poussette ou un landau ? »

Le landau classique est excellent dans tous les cas qu'il fasse chaud ou froid. Il peut servir partout : dans la voiture, on l'attache aux ceintures de sécurité, chez des amis, il sert de lit et dehors, c'est le moyen de transport idéal pour le tout-petit. Il est souvent vendu avec un tablier et une capote étanche qui protégent de la pluie comme du soleil. N'oubliez pas de vérifier les suspensions, le système de freinage, la mobilité des roues et l'entretien. Mais passé 6 mois, le landau est trop petit et la poussette va s'imposer. Le combiné (landaupoussette) a l'avantage d'être évolutif. Vous commencerez avec le landau et la poussette vous servira jusqu'aux 3 ans de l'enfant. La nacelle s'adapte sur le châssis qui sert aussi au transat de la poussette. C'est un 2 en 1 très pratique. Les différences pour ce produit sont le poids du combiné, la facilité à changer les équipements et la maniabilité. Son prix souvent élevé se justifie par la durée d'utilisation.

« S'il pleure la nuit, dois-je le prendre dans mes bras ? »

Malgré toute votre bonne volonté, malgré tout ce que vous lui avez proposé, il se peut qu'il continue de pleurer. Et ce n'est pas grave !

Une certaine quantité de pleurs est nécessaire à son bon développement : il doit évacuer les tensions de la journée. Si Elle se sent impuissante, vous pouvez dire à votre compagne que pleurer fait baisser la tension artérielle, élimine les toxines et relâche les tensions musculaires.

« On dit qu'un bébé, ça mange tout le temps… Ça signifie combien de fois par jour ? »

Chaque bébé est différent, avec un caractère et un rythme biologique qui lui sont propres. Alors, au début, donnez-lui le biberon ou le sein à la demande, en fonction de son appétit (en moyenne, 6 à 8 fois par jour). Si ça vous paraît énorme en comparaison de vos 2 ou 3 pauvres repas quotidiens, songez que, dans le ventre de maman, il était nourri en continu.

« Comment savoir s'il a assez mangé ? »

Au biberon, si vous avez un doute, il existe un petit test simple : servez-vous de votre petit doigt pour distinguer une simple envie de succion (il s'en satisfait) d'une folle envie de manger qui le fait à nouveau crier au bout de quelques secondes d'une succion insuffisante. Surtout, faites confiance à votre petit bout : s'il a fini le biberon plusieurs fois de suite, il faut lui proposer la dose supérieure, c'est aussi simple que ça.

VOUS ME DITES QU'ON NE PEUT PAS Y INSTALLER DE JANTES ALU ?
ALLONS, ALLONS MADEMOISELLE, UN PEU DE SÉRIEUX !

→ LES POINTS À CONTRÔLER AVANT L'ACHAT D'UNE POUSSETTE

La mention d'une norme de sécurité constitue une garantie de qualité, mais ne vous dispense pas de vérifier les points suivants :

1. Sur les modèles à nacelle, vérifiez que cette dernière est bien rembourrée et que ses bords sont suffisamment hauts.
2. Assurez-vous que les parties textiles sont entièrement lavables, et si possible en machine. Les bébés régurgitent souvent et les petits aiment bien manger dans leur carrosse !
3. Testez la solidité du châssis en le manipulant. N'hésitez pas à forcer (légèrement !) sur les tubes et articulations qui le composent.
4. Une fois pliées, les poussettes prennent plus ou moins de place : vérifiez l'encombrement en fonction de votre coffre de voiture et du lieu de stockage.
5. Vérifiez le bon fonctionnement du système de pliage : votre poussette sera pliée et dépliée des milliers de fois au cours de sa vie. Une poussette dont les articulations ont déjà du jeu ou ne semblent pas solides (en plastique, par exemple) pourrait ne pas vous résister (le système de verrouillage doit être fiable).

« À raison de 7 tétées par jour, il faut que j'achète combien de dizaines de biberons ? »

On a toujours tendance à acheter des quantités astronomiques de biberons, comme si on ne les lavait jamais. N'en déplaise aux pharmaciens, 4 biberons suffisent : 2 biberons de 240 ml (la graduation doit être très lisible, de 30 ml en 30 ml) ; 1 biberon de 120 ml (pour boire de l'eau ou quand il aura au moins 1 an) ; 1 biberon de 40 ml ou 50 ml (pour les médicaments). Achetez toujours des biberons gradués, ce qui simplifiera le dosage de l'eau. N'oubliez pas d'acheter un grand goupillon pour laver les biberons, un petit pour nettoyer les tétines, et vérifiez que les petits trous ne sont pas bouchés.

« Je dois réagir comment si mon bébé régurgite ? »

Après une tétée, le contenu de l'estomac tend à remonter dans l'œsophage vers la bouche, chez près d'un nourrisson sur deux. La régurgitation, totalement indolore, est plus fréquente chez l'enfant nourri au biberon : le trou de la tétine est souvent un peu large et l'enfant boit un peu trop vite. Certains tout-petits sont aussi plus sensibles que d'autres et leur estomac régurgite le trop-plein. Ce renvoi anodin se produit généralement au moment du rot. Il n'a rien à voir avec le reflux gastro-œsophagien qui se caractérise par des vomissements douloureux, fréquents et abondants à distance des repas.

MON TRUC EN PLUS

Yvan, 36 ans, papa de Carla, 13 mois.

« Lorsque nous sommes rentrés à la maison, j'ai branché le répondeur sur lequel j'ai enregistré un message donnant des nouvelles brèves de ma fille et de sa maman, ainsi que le créneau horaire où nous étions joignables. Nous le mettions en marche dès que nous nous occupions du bébé, ça permettait de ne pas stresser. »

Thierry, 34 ans, papa d'Aurélie, 17 mois.

« Plutôt que de me casser le dos sur la baignoire, j'ai donné le bain à Aurélie dans le lavabo jusqu'à ses 2 mois. Et comme elle détestait le contact froid de l'émail, je plaçais une serviette de toilette au fond du lavabo pour lui faire un revêtement tout doux. »

Roberto, 37 ans, papa de Bianca, 1 mois.

« Quand Bianca pleure à chaudes larmes, je la prends dans mes bras, je la tiens à 20 ou 25 cm de mon visage, je la fixe bien tout en lui parlant tout doucement. Les pleurs diminuent assez vite. »

« Est-ce que le pouce est plus naturel que la tétine ? »

Les deux sont aussi désastreux pour autant les dents : c'est la force de la succion qui déforme. C'est pareil. La manie du pouce, c'est difficile à arrêter. En revanche, c'est une réponse autonome et la nuit, il le trouve tout de suite. La tétine, il la perd la nuit, c'est plus facile à arrêter, on peut instaurer des règles. Maintenant, si votre enfant s'arrête avant l'âge de 6 ou 7 ans, âge de la sortie des dents définitives... Finalement, le problème, c'est moins la tétine que la façon de la donner : il faut faire attention à ne pas brider la relation et la communication.

« Il se réveille parfois la nuit, il fait du bruit, je l'entends... Dois-je me lever ? »

Patientez sans broncher, il s'agit de micro-éveils. Votre bébé rêve, il chantonne, il babille vaguement, il fait des bruits bizarres. Laissez passer quelques minutes, 9 fois sur 10, il va se rendormir. Si vous vous précipitez tel Buzz l'Éclair, vous l'empêcherez de trouver son sommeil. Surtout, ne hurlez pas depuis votre Dunlopillo : « Dodo ! », ce qui pourrait paradoxalement stimuler son envie de vous voir. Attendez un peu... S'il passe à l'éveil plus complet, vous ne gagnez rien à ne pas vous lever. Prenez-le dans vos bras quelques instants.

« On dit qu'il ne faut pas réveiller un bébé qui dort, mais il peut y avoir des urgences, non ? »

Si vous devez le sortir de son lit pour un rendez-vous chez le pédiatre, par exemple, ou pour aller faire une course urgente, parlez-lui doucement en le prenant, expliquez-lui où vous allez. Tout devrait bien se passer.

« Ma compagne veut dormir avec le bébé dans la chambre… Serons-nous condamnés à le garder avec nous jusqu'à sa majorité ? »

En ce domaine, il n'y a pas de règle, pas de religion. Si vous êtes inquiets, si vous pensez que votre bébé a besoin d'être rassuré, rien ne vous empêche de le garder avec vous dans la chambre avant qu'il fasse ses nuits (dans votre lit même, les premiers temps) ; si, au contraire, le fait d'avoir le bébé tout près de vous et d'entendre le moindre de ses gloussements bizarres (et il y en a) a le don de troubler votre sommeil, laissez-le dans sa chambre. Sachez qu'une vigilance automatique se met en place dans le sommeil et vous alerte au moindre bruit anormal.

MON TRUC EN PLUS

Peter, 30 ans, papa de Hugo, 7 mois.

« À la maternité, les infirmières souhaitaient que nous couchions Hugo sur le dos, mais il détestait ça. On nous a dit OK pour le faire dormir sur le côté, mais avec un cale-bébé pour l'empêcher de rouler. Cependant, le crâne, très malléable, peut vite prendre une forme aplatie : après chaque tétée, je le recouchais de l'autre côté, équilibrant ainsi la pression exercée sur sa tête. »

« On dit que la couche jetable, ça n'est pas très écolo. Qu'en est-il des couches lavables ? »

Oui, ma grand-mère aussi m'a dit beaucoup de bien des couches en tissu (comme des topinambours d'ailleurs !). Mais de là à renoncer à la couche jetable, si chère (pour une année, un bébé a besoin, en moyenne, de 2 190 couches jetables, soit 5 475 pour 30 mois, ça en fait des arbres !) et à la fois si pratique… Plusieurs éléments sont à considérer : les couches en tissu n'étant pas très absorbantes, il faut changer bébé environ six fois par jour au début, puis huit, donc faire deux lessives de plus par semaine et disposer d'un espace pour le séchage si l'on n'a pas de sèche-linge. Une organisation qui finit par être lourde ! Sans compter qu'entre le pliage de la couche et le placement dans la culotte, il ne faut surtout pas être pressé ! Si la mauvaise conscience vous torture à l'idée de participer à un désastre écologique, songez qu'une couche sale est un objet peu ragoûtant et que, rien qu'à cette idée, l'envie d'en laver plusieurs par jour risque de vous passer bien vite. Allez, on n'est pas non plus obligé d'être écolo 24 h/24.

→ AIDEZ VOTRE AÎNÉ À MIEUX VIVRE L'ARRIVÉE DU BÉBÉ

L'enfant a besoin de sentir qu'il est encore une source de bonheur pour ses parents, même avec la naissance d'un petit frère ou d'une petite sœur. Le lui dire et le lui faire sentir est essentiel !

- Préparez la chambre du bébé avec lui. Demandez-lui son aide. Peut-être voudra-t-il s'impliquer davantage ? Il peut prêter un jouet ou un toutou au bébé qu'il placera dans la chambre. Ne forcez pas la note s'il ne veut pas ou s'il change d'avis.
- Faites le tri du linge avec lui : vous lui montrerez ainsi ce qu'il avait et vous instaurerez une notion de passage et de partage. Aussi, une multitude de souvenirs de sa petite enfance vous reviendront en tête et il sera heureux d'en apprendre sur sa propre histoire.
- Prenez des photos des deux enfants ensemble. Le nouveau-né peut être le sujet principal de quelques photos, mais ne négligez pas le plus grand.
- Montrez des photos de l'aîné lorsqu'il avait l'âge du bébé. Racontez-lui comment il était, ce qu'il aimait et dites-lui que vous l'aimiez et qu'il était un beau bébé (ce qu'il entend beaucoup pour le nouveau-né !)
- Préservez à l'aîné un endroit bien à lui.
- Ne lui demandez pas de donner l'exemple.
- L'aîné peut vous aider, mais ne lui confiez pas de tâches d'adultes.
- Offrez à l'aîné une poupée et même une petite poussette pour lui faire sentir qu'il partage véritablement l'histoire de la naissance.
- Lors de la naissance du petit frère ou de la petite sœur, n'éloignez pas l'aîné de la maison pour une semaine chez ses grands-parents. Il doit accueillir le deuxième enfant, et non le contraire. Amenez-le rendre visite à la mère et au bébé à l'hôpital.

« On n'a pas de place pour lui faire sa chambre à lui... Comment faire si on ne peut pas déménager ? »

Vous pouvez toujours sortir son berceau ou son couffin dans le salon durant la nuit. Sinon, si vous devez le garder avec vous pendant plusieurs mois dans votre chambre, aménagez-lui un petit coin bien à lui, isolé du reste de la pièce par un rideau ou un paravent, pour qu'il apprenne à dormir seul, et ajoutez une touche bébé dans la déco de cet espace (un mobile, un dessin au mur...), pour faire en sorte qu'il s'approprie l'endroit.

« Dois-je vraiment jouer avec mon bébé comme on le dit ? »

Vous savez, nous sommes tous des êtres sociaux dès la première minute de vie. Voilà pourquoi, si les mobiles et les hochets sont très rigolos, il n'y a pas de plus beau jouet pour un bébé que votre visage et votre belle voix de stentor : tout cela remue, fait du bruit, émet des sons, graves, aigus, courts et longs. En clair, avouez que c'est on ne peut plus rassurant, votre enfant vous préfère à tout autre chose. Alors, jouez avec lui, même s'il est âgé de quelques jours !

« Je ne m'en sors pas, de ces tétines... Comment faire ? »

On connaît la chanson : il y a celle qui coule trop vite, l'autre pas assez, il y a les vitesses 1, 2, 3. Il n'y a qu'un moyen, et un seul, pour vérifier si une tétine fonctionne bien, c'est de retourner le biberon : si le lait s'écoule au goutte-à-goutte, sans que vous ayez besoin de secouer l'engin, c'est OK. Au contraire, si le jet est trop net, la tétine est trop percée.

« Y a-t-il un risque que notre animal s'en prenne au bébé ? »

Pas de panique ! Si Diabolo a toujours été équilibré, il n'y a pas de raison pour que ça change et qu'il se mette soudain à sauter au visage de votre bébé comme dans vos pires cauchemars. Évitez même de toujours lui interdire la chambre de votre enfant car il risque, dès que vous aurez le dos tourné, de s'y précipiter et peut-être de se venger sur votre enfant. Veillez juste à ce que votre chien ou votre chat ne reste pas seul avec le bébé, voilà tout. Quant à ce qu'on raconte sur les chats qui étouffent les bébés, c'est une réalité, mais n'allez pas imaginer que ces animaux sont des tueurs froids : s'ils peuvent s'allonger sur le visage d'un nourrisson, c'est juste parce que c'est une agréable source de chaleur.

MON TRUC EN PLUS

Adam, 40 ans, papa de Samantha, 28 mois.

« Tout bébé, Samantha pleurait dans son bain. Du coup, j'ai commencé à jouer avec elle pendant 10 minutes sans la laver. Je gardais la corvée du savonnage, et surtout du shampoing, pour la fin. Ce moment restait un moment de plaisir pour elle et moi. »

Henri, 38 ans, papa de Janice, 3 mois.

« Il arrive que ma fille pleure parce qu'elle a des problèmes de digestion. Dès que ça arrive, je lui mets une bouillotte pas trop chaude ou une serviette chaude sur son petit ventre, et tout rentre dans l'ordre assez vite. »

« Est-ce qu'en massant mon fils, je me rapproche de lui ? »

Évidemment, un massage doux a des effets bénéfiques sur le plan affectif. Dès que votre bébé a 1 mois ou 2, vous pouvez vraiment le masser. Avant, c'est plutôt un rapprochement tactile.

Utilisez des huiles pour éviter l'échauffement lié à l'action des mains : préférez l'huile de pépins de raisin ou d'olive. Et évitez les huiles essentielles trop fortes, ou celle d'amande douce (qu'on recommande partout pourtant), qui peut générer des allergies.

→ QUELQUES TRUCS POUR LE CALMER S'IL PLEURE

1. Il a faim ? Ne le faites pas attendre, il est incapable de se dire : « mon pote, ça va arriver ! » Dans le ventre de maman, grâce au cordon, c'était self-service à toute heure, alors il ne peut pas se raisonner et patienter. Si vous préparez le biberon, parlez-lui, expliquez-lui que vous lui faites à manger, rassurez-le.

2. **Il se sent seul au monde ?** Vous verrez, souvent les bébés n'aiment pas être éloignés de leurs parents. Placez-le dans son transat ou, si vous ne pouvez pas rester dans la même pièce, parlez-lui et venez le voir de temps à autre.
3. **Il a chaud ou froid ?** Sachez, même si c'est un nourrisson, que c'est déjà une machine de grande précision, que son système de thermorégulation n'est pas tout à fait au point. S'il a froid (touchez sa nuque ou son ventre), couvrez-le, s'il a chaud, retirez une couverture.
4. **Il a besoin d'être rassuré ?** Un doigt de tendresse : on peut lui offrir son doigt à téter, à condition d'avoir les ongles courts et de s'être lavé les mains préalablement.
5. **Il a du mal à s'abandonner au sommeil ?** Vous pouvez effectuer un petit mouvement circulaire sur le haut de son crâne et la fontanelle (il n'y a aucun danger !), comme un doux effleurement...
6. **Il a mal au ventre ?** Il peut avoir des coliques ou juste de l'air dans l'estomac après son repas. Placez-le dans vos bras, dos contre vous, glissez une main entre ses jambes de sorte que la paume se place sous son ventre. Faites-le doucement pivoter pour qu'il soit en appui sur vos bras et massez-lui le ventre pendant quelques minutes. Ça marche aussi si vous arpentez sa chambre de long en large...
7. **Il est énervé ?** Tenez-le bien serré contre vous et caressez-lui le dos, de haut en bas, le long de la colonne vertébrale, en lui parlant tout doucement. Mais rien de plus rassurant qu'un petit câlin au contact direct avec la peau. Vous pouvez vous mettre torse nu, la chaleur n'en sera que plus apaisante. C'est le moyen idéal de créer une vraie complicité avec lui.
8. **Et s'il s'ennuyait ?** Il suffit de lui donner un petit jouet, un hochet ou d'installer un mobile au-dessus de lui.

« Je n'en peux plus de ces pleurs... Comment faire pour ne pas le balancer par la fenêtre ? »

S'il pleure beaucoup, il faut d'abord essayer de comprendre s'il n'a pas faim ou mal. Quand on a éliminé les grandes raisons, notamment les raisons médicales, il faut prendre le temps et ne pas imaginer qu'il va mal sous prétexte qu'on ne comprend pas, car la tension vient souvent de là. Il faut rester auprès de lui et attendre que ça se passe.

Quand on est fatigué et qu'on tolère moins les pleurs, il faut le dire au bébé : il comprend. Et puis ça soulage quand on dit : « Je n'en peux plus… J'en ai marre… Tais-toi ! » Il faut juste ne pas le jeter par la fenêtre, le reste, on a le droit de le lui dire. On peut aussi s'autoriser à prendre l'air, à passer le relais. Il ne faut surtout pas s'inquiéter davantage : on crée la tension et l'enfant se calme encore moins. À cet âge-là, un bébé est en prise directe avec vos émotions.

Je ne connais pas de père qui n'en a pas eu marre à un moment ou à un autre. C'est pour tout le monde comme ça : on n'est pas des héros. Ce n'est pas de la maltraitance que d'avoir une limite dans ce qu'on peut supporter. Et puis ça ne durera pas, vous vous comprendrez de plus en plus tous les deux. Sachez enfin qu'à 2 mois environ, ce bébé, qui vous sort parfois par les yeux, fera ses nuits, et vous aussi : ainsi, vous serez moins sur les nerfs. Et si vous n'en pouvez vraiment plus, ne vous sentez pas coupable de dire à l'autre : « Moi, je vais nager 3 km » ou « Je vais boire un coup au bistrot ».

« Mon chat peut-il transmettre des maladies à notre bébé ? »

Oui, Ropoutou, votre siamois préféré, lui aussi aime les animaux et peut refiler ses zoonoses, des maladies parasitaires ou bactériennes, à votre tout petit. On considère que 80% des chiots et 50% des chats hébergent des Toxocara cani ou cati, de petits vers ronds capables, par simple contact salivaire, de contaminer un nouveau-né et de provoquer une maladie des yeux. Surtout, pensez à vermifuger votre animal environ quatre fois par an (tous les quinze jours jusqu'aux trois mois de l'animal, puis, une fois par mois jusqu'à six mois). Enfin coupez les griffes de votre chat, brossez souvent votre chien et interdisez-leur de lécher le visage ou les mains de votre enfant.

MON TRUC EN PLUS

Jean-Luc, 34 ans, papa de Saskia, 4 mois.

« Pour protéger la tête de Saskia lorsqu'elle est dans son bain (mouvementé !), j'ai sacrifié un petit canard de bain dont j'ai coupé l'arrière. J'enfile le canard «sans derrière» sur le robinet de la baignoire. Elle trouve ça beau, et elle ne peut plus se cogner la tête ! »

Philippe, 40 ans, papa de Simon, 9 mois.

« Avant le retour de la maternité, j'ai fait sentir à notre chat un pyjama porté par le bébé. J'ai même posé au sol dans l'appartement un drap en coton dans lequel il avait dormi à la maternité. Le chat s'est progressivement habitué à la venue de cet intrus dans sa maison, Simon était déjà presque adopté à notre arrivée à la maison. »

« Dois-je me caler sur nos repas à nous pour le nourrir ? »

À la maternité, on vous impose des horaires stricts de repas pour le bébé. À la maison, laissez tomber tout de suite ! Donnez-lui son biberon à la demande. Oubliez les tableaux des quantités qui donnent des proportions en fonction de l'âge : ce sont des repères, jamais des règles absolues. Il en veut encore ? Donnez-lui. Il ne veut plus du biberon ? Arrêtez tout. La seule chose à ne pas changer, c'est la dilution : une mesure de lait pour 30 cl d'eau. Votre bébé ne sera pas obèse ; alors, proposez-lui toujours plus de lait que pas assez : ça, c'est une règle.

→ JE FAIS MON INTÉRESSANT !

Quelques jours après la naissance, regardez votre montre, faites un baiser à votre compagne, et dites : « Il est 17 h 55 ! » Elle devrait dire : « Et alors ? » Vous répondrez : « Souviens-toi de ce que nous faisions, il y a une semaine ! » Elle adorera.

« J'ai peur de le nourrir trop ou pas assez... Comment savoir s'il a encore faim ? »

Comment vous dire... C'est presque trop simple : si votre bébé a faim, il mange ; s'il est rassasié, il se contente de tétouiller la tétine sans toucher au lait ou il repousse le biberon (au sein, c'est plus dur de se rendre compte, car il peut téter juste par plaisir), comme vous repoussez poliment, mais franchement, le roboratif bœuf bourguignon de votre belle-mère quand vous calez. Il faut faire confiance à l'enfant. S'il a fini le biberon plusieurs fois de suite, il faut lui proposer la dose supérieure. Ne vous dites jamais : « C'est impossible qu'il ait encore faim, je viens de lui donner un plein biberon ! » Si, c'est possible ! Alors, laissez-vous guider. Et vous, ça ne vous arrive pas d'avoir une faim de loup en sortant du restaurant chinois ?

« On m'a parlé du bilan de santé du 8e jour. Dois-je m'alarmer ? »

Le premier grand rendez-vous médical de votre enfant est effectué le plus souvent par le pédiatre de la maternité, le troisième ou le quatrième jour après sa naissance. Il est considéré comme un « bon de sortie » avant le retour à la maison. Votre tout-petit est pesé, mesuré et examiné sous toutes les coutures, et vous constaterez à quel point ses compétences sont étendues ! Si vous sortez de la maternité avant cet examen, le pédiatre, voire votre généraliste, pourra également s'en charger aux huit à dix jours de vie de votre bébé. Cette consultation est prise en charge à 100 % par la Sécurité sociale. Obligatoire, elle conditionne le paiement des prestations familiales. Pas question donc de passer au travers... À l'issu de la visite, le médecin remplit un certificat intégré au carnet de santé et l'envoie au médecin coordinateur du centre de PMI du département. Il vous remet une attestation remplie et signée, à faire parvenir à votre caisse d'allocations familiales.

« Il est capable d'attendre jusqu'à quel âge pour faire ses nuits ? »

À vrai dire, c'est moins une question d'âge que de poids, de quantité de réserve dont il dispose pour faire une nuit complète sans être réveillé par la faim. Il devrait dormir jusqu'au matin sans se réveiller aux alentours de 5,5 kg. Rendez-vous compte : il est passé d'une alimentation continue (via le cordon ombilical) à une alimentation au coup par coup ! Il lui faut quelques semaines pour s'adapter à ce bouleversement.

« Est-ce que je dois allumer la lumière, la nuit, avant de lui donner son biberon ? »

Si vous lui donnez un biberon la nuit, si vous le changez, vous pouvez lui parler, calmement. Vous pouvez même allumer une lumière douce, un éclairage tamisé, ça ne le gêne pas du tout. Finalement, c'est vous que ça réveille, ce sera plus dur de vous rendormir après ça. Simplement, évitez de trop le secouer, de jouer avec lui, de le faire gazouiller. Lui parler, oui, jouer, non.

« Mon fils bave comme personne… On n'est pourtant pas comme ça dans la famille. C'est normal ? »

Crachotis, petites bulles au coin de la lèvre… Vous passez votre temps à essuyer sa petite bouche. Pas d'inquiétude, ces désagréments des premiers mois sont passagers. C'est 8 à 10 semaines après la naissance seulement que les glandes salivaires commencent à fonctionner. Cette quantité de liquide que votre tout-petit découvre soudain dans sa bouche (et qui n'a rien à voir avec du lait !) le surprend, mais il n'a pas le réflexe de l'avaler. Il le laisse donc tout simplement couler vers l'extérieur ! Il lui faudra environ un mois supplémentaire pour acquérir l'automatisme de déglutir. À partir de 3 mois, il devient parfaitement capable de « gérer » sa salive. D'ailleurs, il ne la produit en grande quantité qu'au moment des repas, pour faciliter le processus de digestion. En dehors de ces pics, le volume de salive reste faible et votre bébé l'avale sans même s'en rendre compte !

« Est-ce que je dois aérer sa chambre alors qu'il fait un froid de canard ? »

Trois fois oui ! Le moindre grain de poussière contient à peu près 1,5 milliard de bactéries… Vous imaginez bien que renouveler l'air devient dès lors indispensable, plusieurs fois par jour même, y compris en plein hiver. Une expérience récente menée dans des crèches a d'ailleurs démontré qu'aérer seulement dix minutes par heure faisait baisser radicalement le nombre d'affections rhinopharyngées. Mais c'est la chambre, pas le bébé qu'il faut aérer : pensez à déplacer le couffin ou le transat dans une autre pièce avant d'ouvrir grand les fenêtres.

→ ATTENTION !

N'hésitez pas à demander la permission à votre enfant de le masser, même si c'est un nouveau-né. Cela lui apprendra peu à peu à comprendre qu'il a le droit de refuser un contact physique quel qu'il soit, s'il ne le désire pas. Joignez un geste (par exemple, touchez les jambes ou les hanches de l'enfant) à votre demande et votre bébé fera rapidement l'association entre ce geste et le début du massage. Il vous fera ainsi savoir par des sourires et des babillages son désir d'être massé.

→ COMMENT RECONNAÎTRE UN BON PÉDIATRE ?

Une fois que vous l'aurez (bien choisi), vous en prenez pour 15 ou 16 ans, alors mieux vaut ne pas se tromper, et ne pas vous contenter de faire votre choix sur une jolie plaque dorée rutilante… Pour la toute première fois, commencez par faire jouer le bouche-à-oreille ou interrogez le pharmacien de votre quartier, il connaît forcément les bons spécialistes.

Voici quelques critères à prendre en compte pour voir si vous êtes devant la perle rare :

- Son cabinet est à 10 minutes au plus de chez vous : imaginez que vous devrez, les premiers mois, passer beaucoup de temps chez lui. Alors, à moins de prendre un petit hôtel dans son quartier…
- D'un rendez-vous sur l'autre, il se souvient de vous, du prénom de votre enfant. Il ne dit pas « Il » si c'est « Elle », « Maxime » si c'est « Gabriel », « Ça va mieux, son ventre ? » s'il a eu une otite.
- Il s'intéresse à votre mode de vie (nombre d'enfants, futur mode de garde du bébé, votre métier, vos horaires).
- Il ne parle pas que des maux et des maladies mais vous raconte par le menu l'évolution psychomotrice de votre enfant.
- Il vous donne un rendez-vous rapidement (dans la journée ou les 48 heures au maximum).
- Sa salle d'attente est spacieuse et bien équipée en jouets, TV, livres… Si vous devez poireauter, il faut que votre enfant s'occupe.
- Il n'hésite pas à vous prendre au téléphone dès que vous avez une inquiétude (sans vous faire de réflexion sur le thème : « C'est encore vous, M. Dubois ! »).
- Il sait vous entendre, vous expliquer ce qu'il fait, vous rassurer, toujours. Il n'agit pas en froid professionnel mais s'extasie volontiers devant votre bébé (« Il est canon ! », « C'est bien, ma beauté ! »).
- Il sait faire passer les messages, mais sans vous faire la morale. Si vous ne vous sentez pas à l'aise avec lui, discutez-en avec votre compagne et n'hésitez pas à en changer.

→ LA TROUSSE À PHARMACIE « SPÉCIALE BÉBÉ »

Pour les soins de tous les jours, vous avez besoin d'un peu de patience, et de deux ou trois accessoires que vous pouvez stocker...

- Liniment oléocalcaire (en pharmacie) pour les fesses et les petits massages (pas d'huile d'amande douce toxique)
- Alcool à 60°
- Éosine aqueuse en dosettes
- Sérum physiologique en dosettes
- Gel savon 2 en 1 (cheveux + corps)
- Cotons carrés
- Bandes ombilicales Sirgifix
- Ciseaux à ongles pour bébés
- Thermomètre électronique auriculaire
- Thermomètre de bain
- Couches 0-5 kg
- Coton-tige avec embouts de protection
- Compresses stériles
- Lingettes
- Brosse à cheveux pour bébés

MON TRUC EN PLUS

Laurent, 29 ans, papa de Julie, 19 mois.

« Dès le retour de ma fille et de sa maman à la maison, j'ai pris mes dispositions au bureau : j'ai parlé à mon patron, je me suis organisé avec mes collègues pour alléger mes horaires, pour pouvoir bosser au maximum depuis la maison et pour qu'ils prennent en charge mes rendez-vous et une partie de mes dossiers. Tout s'est bien passé : je crois que ça amusait tout le monde de participer au jour le jour à la grande aventure de ma paternité. »

« C'est la première fois que nous faisons garder ma fille par une baby-sitter. Que doit-on lui laisser comme consignes ? »

Pour que ces consignes ne soient pas trop fastidieuses à lire, vous pouvez rédiger un document qui pourrait s'appeler « Notice d'utilisation de Yaël » dans lequel vous inscrivez son rythme de sommeil, ce qu'elle préfère manger, ses jeux préférés. Vous ajoutez les numéros à appeler en cas d'urgence (vos deux numéros de portable, les pompiers, le SAMU...).

CH. J. F. SACHANT GARDER

Vous aviez déjà en tête le premier critère pour choisir une baby-sitter : elle doit ressembler à Jennifer Lopez. Voici les 5 suivants :

1. Comme les melons, elle doit être mûre mais pas trop. Préférez les étudiantes, vous éviterez la gamine en âge de se faire garder elle-même (trop risqué !) ou la chômeuse de longue durée déprimée parce que sans emploi, sans enfant (trop déprimant).
2. Il y a une saison pour dénicher l'oiseau rare. Si vous optez pour l'étudiante, attendez le mois de novembre : elle aura ses horaires de cours définitifs, elle ne vous plantera pas 15 jours plus tard, mais n'attendez pas trop (l'étudiante est une denrée rare), et gare au mois de mai, mois des révisions !
3. Choisissez-la dégourdie mais surtout pas sans-gêne. Gaie, très vive, elle aura les bons réflexes en cas de pépin (comme appeler le SAMU plutôt que ses copines), sans envahir votre vie en critiquant la couleur de votre cravate ou la race du chat.
4. Jouez la proximité. Passé 22 h, une baby-sitter, ça se raccompagne. Et si elle habite à 20 km, c'est dommage pour vous, votre sommeil ou votre portefeuille (si vous lui payez le taxi). Cherchez d'abord dans votre immeuble ou celui d'en face.
5. Si vous voulez qu'elle s'investisse, si vous voulez qu'elle devienne comme une grande sœur pour votre enfant, épargnez-lui le ménage, la vaisselle, le pipi du chien : c'est autant de temps qu'elle consacrera à l'éveil du bébé. Enfin, si vous ne la connaissez pas, demandez-lui de passer la veille, histoire de voir comment elle se comporte avec votre bébé. Et dites-vous bien que le bon sens et la maturité comptent au moins autant que l'expérience.

« Est-ce vrai qu'il faut lui dire si je m'absente ou si quelqu'un vient le garder ? »

Si vous vous absentez, même si vous allez à la boulangerie du coin, dites-lui que vous le confiez à sa grand-mère par exemple, ou à votre voisine, racontez-lui brièvement pourquoi vous sortez, combien de temps aussi.

Dès qu'il aura saisi qu'il peut compter sur vous, il prendra confiance en lui et sera d'autant plus autonome. Alors évitez de vous éclipser derrière son dos car il s'en rendra compte et craindra votre départ dès qu'il aura le dos tourné.

« J'écoute de la musique dans le salon, ça va le réveiller ? »

Dionysos ou Adèle, non seulement ça ne risque rien, mais vous devez impérativement vivre le plus normalement du monde. Autant il faut lui construire un lieu calme pour son sommeil, autant le reste de la maison doit continuer à vivre comme avant : on rigole, on met de la musique, on marche, on regarde la télé, on ne se gêne pas (surtout, on n'arrête pas les appareils électroménagers). Après tout, vous existez en dehors de cette paternité : c'est en intégrant cette idée que vous vivrez au mieux votre relation avec votre bébé. Et puis ces bruits familiers qui vont rythmer sa vie, ça le rassure.

« Comment faire pour éviter la formation de grumeaux dans le biberon ? »

Les biberons sont bien sûr vendus avec un cache-tétine, une bague de serrage et un petit couvercle d'obturation qui vient s'insérer au centre de la bague maintenant la tétine. Il suffit donc de s'en servir, une fois la poudre de lait ajoutée à l'eau chaude, pour agiter très fort le biberon à la façon d'un shaker. On placera la tétine après. Autre méthode : quand le biberon est tiède, on peut le faire rouler entre ses mains, aucun grumeau n'y résiste !

« Dois-je vraiment lui donner le biberon chaud ? »

Le biberon est assez gras et pour que tout se mélange correctement, il faut que l'eau soit tiède. Rien n'indique qu'un biberon chaud soit plus digeste qu'un biberon froid. Au choix, donnez un biberon tiède ou à température ambiante.

LE BAIN SANS RISQUE EN 10 GESTES SÛRS

Pas question de filer à la supérette acheter du savon si vous n'en avez plus une goutte alors que votre bébé trempe déjà. Vous êtes là, vous y restez. Jusqu'au bout.

1. Veillez à ce que la pièce soit bien chaude (22 à 25 °C) pour éviter les rhumes.
2. La température idéale de l'eau, c'est 37 °C (achetez un thermomètre en forme de petit bateau, ça servira de jeu). Si vous n'en avez pas, trempez votre coude dans l'eau : vous ne devez ressentir aucun désagrément.
3. La main est l'instrument le plus sûr pour laver un bébé. Si vous voulez utiliser un gant de toilette, changez-le chaque jour pour éviter la prolifération des microbes.
4. Ne laissez jamais votre bébé dans la baignoire si l'eau est en train de couler : la température pourrait soudain grimper.
5. Faites couler un jet d'eau froide à la fin pour refroidir le robinet.
6. Inutile de mettre plus de 5 cm d'eau dans la baignoire pour un nouveau-né.
7. Ne le laissez pas une seconde sans surveillance : si le téléphone sonne, enveloppez votre bébé dans un drap de bain et emportez-le avec vous.
8. Vous pouvez déposer son pyjama sur le radiateur pendant le bain, mais attention aux boutons-pressions : ils peuvent devenir brûlants.
9. Posez au fond de la baignoire un tapis antidérapant et recouvrez le robinet d'une protection rembourrée pour éviter tout choc et toute brûlure.
10. Finissez toujours par le shampoing : si le bébé trempe dans l'eau pleine de shampoing, il peut attraper une infection urinaire (eh oui !).

→ ATTENTION !

Ne prenez pas un bain avec un nouveau-né : vous risquez de lui refiler une collection de miasmes. Ou alors douchez-vous d'abord, puis remplissez ensuite la baignoire.

« Puis-je lui préparer 2 ou 3 biberons d'avance ? »

On peut conserver un biberon environ 12 heures si on le place aussitôt au réfrigérateur et si on le donne au bébé dans les 3 à 4 heures qui suivent sa sortie du frigo. Dans ces conditions, si vous voulez préparer les biberons le soir pour le lendemain, aucun souci ! Mais il est hors de question de préparer un biberon à l'avance si vous devez le conserver à température ambiante : le lait étant sucré, les bactéries s'y développent en moins de temps qu'il n'en faut pour le dire.

« J'ai très peur de lui abîmer la fontanelle... Est-ce aussi fragile qu'on le dit ? »

N'ayez crainte : cette zone non encore ossifiée sur le dessus du crâne est recouverte d'une membrane aussi épaisse qu'une bâche de tente.

« Puis-je utiliser l'eau du robinet pour faire son biberon ? »

L'eau de ville répond à des normes de santé publique qui la rendent potable : sans parasites, microbes ni pesticides, elle ne doit pas dépasser un seuil de nitrates (moins de 50 mg/l). Vous pouvez donc utiliser la bonne vieille eau de votre bon vieux robinet. Au pire, n'importe quel journal digne de ce nom vous informerait si l'eau de votre région se révélait soudain impure à la consommation des bébés.

Mais si vous tenez absolument à vous faire les biscotos en allant aux commissions (vous avez arrêté le sport, il y a si longtemps...), allons-y pour l'eau en bouteille pauvre en sels minéraux (sodium, calcium, potassium...)

On oublie deux références :

1. la Contrex « spéciale régime » de madame,

2. les eaux dont la teneur en fluor dépasse 1,5 mg par litre. Leur consommation est déconseillée chez l'enfant de moins de 7 ans : pendant la période de formation des dents, l'ingestion excessive de fluor risque d'altérer l'émail !

En somme, la meilleure chose à faire est de regarder l'étiquette, qui doit mentionner « Convient à l'alimentation du bébé ».

« Jusqu'à quel âge faut-il tout stériliser ? »

Certains spécialistes répondent jusqu'aux 3 mois de l'enfant, d'autres affirment que c'est inutile. Si vous décidez de stériliser parce que les microbes vous empêchent de dormir, après 4 mois, vous pouvez relâcher la pression : le système immunitaire de votre crevette étant désormais à la hauteur, il craint moins les bactéries et les germes qui prolifèrent dans le lait, et qui sont à l'origine des gastro-entérites. D'ailleurs, c'est à cet âge-là que le bébé met tout à la bouche. Pour les autres, les papas moins stressés, il suffit de bien nettoyer biberons et tétines avec un écouvillon, pièce par pièce, immédiatement après le repas, et de parfaitement les sécher. Et si vous avez un lave-vaisselle, il remplacera avantageusement la stérilisation.

« S'il a le hoquet, dois-je lui faire peur ? »

N'essayez pas de hurler, ça ne produirait aucun effet… sur le hoquet. Déjà, *in utero*, le bébé avait le hoquet. Il survient en général après le repas. Dites-vous qu'il n'en souffre pas et que ça disparaît tout seul après 10 ou 15 minutes. Si c'est à proximité d'un repas, vous pouvez lui donner une autre tétée, ça devrait passer plus vite.

MON TRUC EN PLUS

Davis, 28 ans, papa de Clara, 4 mois.

« Pour bien sécher Clara après son bain, j'utilise un gant de toilette. Cela permet de bien l'essuyer au niveau des plis, derrière les oreilles… »

« Puis-je lui donner le biberon en regardant la télé ? »

Le biberon, c'est l'occasion pour vous de prendre du temps avec votre bébé, de vous découvrir mutuellement, de créer du lien, alors on laisse tomber la saison 3 de « 24 heures chrono »...

« Comment l'aider à s'habituer à la petite cuillère ? »

Dès l'âge de 5 mois, bébé commence à découvrir de nouveaux aliments. Et l'ustensile qui permet cette découverte, c'est un instrument tout nouveau pour lui : la petite cuillère ! De quoi être dérouté, non ? Il lui faut donc apprendre à connaître cet ustensile. Lorsque vous allez lui donner à la cuillère ses premiers repas solides, donnez-lui en une : occupé à la manipuler, il ouvrira mieux la bouche. Pour le nourrir, choisissez une cuillère en plastique ou en silicone : le contact de ces matériaux avec le palais est moins froid que celui du métal et sera également plus doux pour ses gencives et sa langue. Ses contours doivent être arrondis pour qu'elle s'adapte au minuscule format de sa bouche. L'idéal, c'est la cuillère « à moka », de plus petite taille que la cuillère à café. Ce format pour « dînette » évite de proposer au bébé des cuillerées trop grosses pour sa petite bouche. Et dès que votre champion prend les choses en main, vous pouvez privilégier les aliments qui collent à la cuillère : purée avec de la pomme de terre, compote épaisse, riz au lait. Du coup, il s'énervera moins et maîtrisera mieux son geste.

« J'aimerais éviter que le repas ne vire au Beyrouth alimentaire. Comment faire ? »

Commencez par acheter un bavoir « pélican » en plastique rigide, avec une poche qui récupère la nourriture. Autre solution : revêtir votre bébé d'un tablier plastifié semblable à celui que votre aîné utilise pour la peinture. Avant le début du repas, un conseil : étalez donc une feuille de papier journal sous la chaise haute. Il vous suffira de la jeter après le repas et tout sera propre !

« J'ai entendu parler des dangers des biberons au bisphénol A. Faut-il les éviter ? »

C'est vrai que plusieurs études scientifiques sont inquiétantes et que le Canada envisage d'interdire leur commercialisation. L'Autorité européenne de sécurité alimentaire estime, quant à elle, qu'il n'y a aucun danger. Le bisphénol A est un composant du polycarbonate, matière plastique utilisée dans la fabrication de 90 % des biberons, mais aussi des fameuses boîtes Tupperware®. Cette matière devient potentiellement dangereuse sous l'effet de la chaleur. Si vous n'avez pas un cousin chercheur et si vous êtes inquiet, deux solutions : ressortir les biberons en verre dans lesquels vous buviez, enfant, ou opter pour des biberons en polypropylène, une autre matière plastique, qui ne contient pas de bisphénol A.

MON TRUC EN PLUS

Franck, papa de 29 ans, papa de Léa, 3 mois et demi.

«J'en avais marre des traces rouges d'éosine sur mes mains avant de partir au boulot. J'ai mis tout le produit dans un vaporisateur : je lui mets la couche et je vaporise sur les fesses, facile.»

« Est-il préférable que je donne des petits pots bio à mon bébé ? »

Avec ces histoires de vaches folles et de nitrates, on peut se poser la question… Eh bien, ça ne sert pas à grand-chose ! Bio ou non, tous les petits pots sont soumis à la même réglementation européenne spécifique aux aliments destinés aux enfants de moins de 3 ans, qui prévoit un niveau de sécurité élevé : absence de conservateurs, de colorants, d'édulcorants et d'arômes artificiels, teneur en pesticides et en nitrates proche de 0. Cette même législation encadre aussi la teneur en protéines, lipides, glucides, vitamines et minéraux. Du coup, entre le champ et le pot, pas moins de 200 à 300 contrôles sont effectués ! Moralité : on fait difficilement plus bio qu'un petit pot, même non labellisé.

« Le pédiatre nous a prescrit des suppositoires. Je suis un peu intimidé à l'idée de les lui mettre... »

Très longtemps, la question était : dans quel sens doit-on mettre le suppo ? Désormais, au moins vous n'avez plus à vous poser cette question : les deux bouts sont « carrés ». Vous n'avez qu'à immobiliser les jambes relevées du bébé, chevilles réunies, avec une main, et enfiler le suppositoire enduit d'un peu de vaseline. Gardez quelques secondes les fesses du bébé serrées histoire d'empêcher le suppositoire de ressortir aussitôt par où il est entré. Pensez aussi à mettre le suppo après que votre bébé a fait caca, au moment où vous le changez de couche, par exemple. Si votre enfant fait peu de temps après l'administration du suppositoire, il est difficile de savoir quelle dose de médicament son corps a réellement absorbée.

MON TRUC EN PLUS

Sébastien, 30 ans, papa de Sidonie.

« Pour faire prendre des petites gouttes à ma fille avant son biberon sans qu'elle risque d'en mettre partout sauf dans sa bouche, je verse les gouttes dans une tétine. Comme ça, lorsque j'approche la tétine de sa bouche, croyant que c'est du lait : elle se met à téter. Et le tour est joué ! »

« Si je n'ai pas les bons gestes, est-ce que ça signifie que je n'ai pas l'instinct paternel ? »

Ne faites pas ce qui est « bien » en théorie, cherchez juste, en l'observant, en l'écoutant, ce qui est bon pour votre bébé. Regardez votre bout de chou en papa attendri, jamais en technicien, et tout ira de soi. Si votre bébé pleure et que vous ne trouvez pas la raison, détendez-vous, car votre bébé, lui, sait ce dont il a besoin, et il va tout faire pour vous mettre sur la bonne voie. Bien sûr, vous aurez parfois un geste un peu hésitant, mais ça ne vous disqualifie pas pour autant : vouloir bien faire suffit à faire de vous un bon père, je vous assure.

→ UN BÉBÉ SURBOOKÉ

Il n'y paraît pas, comme ça, mais les premiers jours, votre bébé a un agenda de ministre, qu'il gère au plus près. Au début, ce sera à vous de suivre, car ça ressemblera à peu près à ça :

6 h : petit-déjeuner avec papa.

6 h 30 : toilette et retour au dodo.

8 h 45 : Non, déjà ? Cette fois, c'est maman qui vient donner le bib'.

9 h 45 : bain et soins du corps.

10 h : petit dodo (ça faisait longtemps).

11 h 50 : un brin de toilette avant de passer à table !

12 h 20 : rendez-vous avec doudou dans dodo.

15 h : je passe la tenue d'après-midi et goûter.

15 h 40 : petit dodo dans la voiture pour récupérer.

18 h : légère toilette avant le biberon.

18 h 30 : un petit somme bien mérité.

20 h 30 : dîner avec papa et maman.

21 h 20 : tenue de soirée.

21 h 40 : « Do not disturb ! »

2 h : un dernier bib' pour la route.

2 h 15 : bonne nuit ! (Si tout va bien...)

« Mon travail me fatigue et si je me lève la nuit pour les biberons, je ne vais pas tenir le coup. Comment s'organiser ? »

C'est bien compréhensible, et en même temps, votre compagne peut difficilement assumer toutes les plages horaires. Vous pourriez prendre en charge le dernier biberon du soir (vers minuit ou 1 h) et celui de 6/7 h du matin, la maman s'occupant de celui du cœur de la nuit (ah, il est douloureux celui-là !). Cette formule vous permet de vous reposer environ 6 heures et votre compagne peut vraiment récupérer le soir et le matin. Autre solution : vous prenez le biberon de 6 h la semaine, et vous vous rattrapez le week-end en prenant les biberons de nuit (en compensation, vous pourrez faire une petite sieste sympa le samedi ou le dimanche).

« Mon fils de 2 mois ronfle, est-ce normal à son âge ? »

Un bébé qui dort émet toujours une petite musique, un léger sifflement, tout comme un adulte. Ce ronflement intervient quand son nez est encombré ou qu'il a des mucosités dans la gorge, qu'il ne peut expulser. S'il n'a pas de difficultés à respirer, n'ayez aucune inquiétude. Mais avant de le coucher, nettoyez-lui le nez avec du sérum physiologique et couchez-le en position inclinée, la tête un peu surélevée par rapport à son corps, et surtout en extension, le menton bien relevé.

MON TRUC EN PLUS

Jean-Michel, 31 ans, papa de Sacha, 8 mois.

« Pour lutter contre les régurgitations, l'idéal est de mettre un oreiller entre le sommier et le matelas, à la hauteur de la tête, et de fixer un de vos slips avec des épingles de sûreté au matelas dans lequel vous glissez votre bébé. De cette façon, le petit dormeur ne glisse pas au fond du lit. »

Simon, 23 ans, papa d'Amélie, 22 mois.

« Lors des premières visites chez le pédiatre, entre les pleurs de ma fille et mon stress, j'oubliais la moitié des questions que j'avais à poser. Très vite, je me suis fait des petites listes que je passais en revue avant de quitter le médecin. »

« Quand faut-il consulter le pédiatre ? »

Plusieurs petits signes doivent vous alerter : fièvre, refus répétés de boire ses biberons, pleurs survenant par alternance régulière plusieurs fois par heure, entrecoupés de périodes de calme, pleurs avec larmes, gémissements plaintifs, transformation du teint, vomissements ou régurgitations de lait caillé, pas de selle depuis 24 heures ou au contraire de diarrhées. Votre bébé peut avoir un comportement agité ou abattu, le regard éteint. Dans tous ces cas, n'hésitez pas une seconde, appelez votre médecin traitant ou SOS Médecins.

CHEZ NOUS, ON DIT "UNE FEMME S'INQUIÈTE DE SON AVENIR JUSQU'AU JOUR OÙ ELLE A UN ENFANT ET UN HOMME S'INQUIÈTE DE SON AVENIR **À PARTIR** DU JOUR OÙ IL A UN ENFANT".
SUPER !!! ÇA M'AIDE BEAUCOUP.

→ CE QU'IL FAUT À TOUT PRIX ÉVITER AVEC UN BÉBÉ

1. Lui imposer notre rythme de vie (des horaires stricts).
2. Le solliciter en permanence (vouloir jouer ou le prendre dans ses bras).
3. Chercher à tout comprendre (ça viendra petit à petit).
4. Lui balancer des flashs sous prétexte que vous voulez immortaliser ce moment où tata Jeanine le prend dans ses bras (ses petits yeux sont sensibles à la lumière).
5. Anticiper ses demandes (le réveiller pour lui donner à manger : mieux vaut sauter un temps de repas qu'un temps de repos).
6. Le laisser pleurer dans son coin.

« Si je suis angoissé par ma nouvelle charge, à qui puis-je en parler sans inquiéter ma compagne ? »

Les sages-femmes sont aussi là pour ça. N'hésitez pas à faire appel à l'une d'entre elles, femme ou homme (dans les 8 jours qui suivent l'accouchement, la prise en charge par la Sécu est de 100 % pour 2 visites par jour, au-delà, de l'ordre de 70 %, la mutuelle prenant la différence à son compte). Vous pouvez aussi retourner à la maternité où une équipe pluridisciplinaire, composée de pédiatres, de sages-femmes, de psys, peut vous recevoir n'importe quand. Vous pouvez enfin contacter votre maternité pour voir s'il existe des groupes de paroles pour les jeunes papas (voir annexes) ou tout simplement prendre rendez-vous avec votre généraliste.

MON TRUC EN PLUS

Raul, 32 ans, papa de Mina, 6 semaines.

« Pour faire boire de l'eau à ma fille, je plie la tétine pour créer un petit jet, je vise sa bouche et j'appuie : elle adore ce petit jeu. Parfois, j'en profite pour lui asperger le visage ! Il ne faut pas le faire trop souvent sinon, elle ne veut plus boire autrement. »

« Ma fille est née en plein hiver. Puis-je la promener sans qu'elle attrape un mauvais coup de froid ? »

Si le thermomètre descend en dessous de 0 °C, restez plutôt à cocooner à la maison, il n'y a aucune obligation à sortir un nouveau-né. Si vous devez sortir impérativement, couvrez-le bien (une couche de vêtements de plus que vous), surtout aux jambes (grâce à un nid d'ange ou à une couverture en laine, par exemple), en évitant d'utiliser le porte-bébé dont ses petites jambes pendent d'autant plus immobiles qu'il est engoncé bien au chaud dans une combinaison molletonnée. Utilisez une peau de mouton au fond de la poussette pour garder la chaleur et n'oubliez pas d'appliquer une crème protectrice sur le visage du bébé.

« J'ai des horaires variables et je voudrais lui donner son bain... Faut-il le lui donner à heures fixes ? »

À n'importe quelle heure : seulement, il faut être pleinement disponible. Évitez juste de le lui donner immédiatement après un biberon pour éviter les régurgitations dues à la gymnastique du déshabillage.

« Est-ce qu'on doit lui donner un bain quotidien ? »

Il est inutile de le laver chaque jour. Une fois tous les trois jours, c'est bien suffisant (ça peut même agresser son épiderme). En revanche, vous pouvez lui donner un bain sans le savonner, juste pour qu'il se détende.

« Il hurle dès qu'il est dans l'eau du bain... Cela signifie-t-il qu'il n'aimera pas l'eau autant que son père ? »

Il a passé 9 mois de sa vie dans l'élément liquide ! Alors, la sensation de l'eau, il la connaît par cœur ! Et il l'aime, vous pouvez en être sûr ! Il peut toutefois avoir froid, car si vous le mettez dans le bain, vous le déshabillez (je vous conseille de mettre votre grande main sur lui dès qu'il est nu et de lui ramener les jambes sur l'abdomen, il aura moins froid). Évitez aussi de le mouiller avant de le mettre à l'eau (plongez-le directement). Enfin, s'il est libre de bouger (on évitera les sièges qu'on met au fond de la baignoire), il pleurera moins : déposez-le de sorte à avoir sa tête sur votre poignet, coude fléchi, son bras dans la « pince » formée par votre pouce et votre index. En somme, tout en le tenant fermement, laissez-le bouger, il n'en sera que plus à l'aise, et parlez-lui d'une voix douce pour le rassurer. Ne donnez jamais le bain avant le repas : s'il crie, c'est peut-être à cause de la faim. Une dernière chose : ne videz pas l'eau quand le bébé est encore dans la baignoire, le bruit et la disparition de l'eau peuvent lui faire peur.

MON TRUC EN PLUS

Simon, 30 ans, papa de Paul, 2 mois.

« Dans le bain, j'utilisais une éponge pour frotter mon fils. Maintenant, je fais ça avec la main et j'ai l'impression qu'il trouve ça plus agréable, ça lui permet de découvrir son corps. C'est comme une introduction au massage. »

Richard, 33 ans, papa d'Irma, 1 mois et demi.

« À la sortie du bain, le bébé pleure souvent, donc on se dépêche de le sécher, et les plis ne sont pas forcément bien secs. Moi, je souffle doucement sur les petits plis encore humides de ma fille : non seulement ça la sèche en douceur, mais en plus cela permet qu'elle se détende. »

→ UN JOLI NID D'AMOUR POUR VOTRE BÉBÉ

Même s'il ne mesure guère plus de 50 cm, bébé a besoin d'un minimum d'espace. Alors, voici 2 ou 3 pistes pour lui faire une chambre aussi mœlleuse que l'utérus de sa maman.

LE SOL ANTI-TACHES

On choisit : un revêtement à la fois durable et d'entretien facile ; peu sollicité pendant la première année de bébé, le sol risque d'être mis à rude épreuve par la suite. Parmi les solutions les plus pratiques, il y a les parquets peints et vitrifiés ou les revêtements synthétiques souples (comme le lino) qui, s'ils sont moches et froids, sont robustes et faciles d'entretien : ils se balaient ou se lavent facilement. Si vous possédez un beau parquet et souhaitez le restaurer, soyez vigilants à ce qu'il n'y ait pas trop d'espace entre les lames, car c'est toujours très tentant pour de petites mains d'aller y glisser de petits jouets...

On oublie : le carrelage, dur et froid, où bébé n'aimera pas s'asseoir (peut être est-ce un moyen de l'encourager à se mettre debout plus vite ?). La moquette, mœlleuse, certes, mais repaire inexpugnable des acariens de tous poils, ces mini-monstres allergisants. Elle est l'ennemie des petits doigts de bébé pleins de chocolat et de ses feutres pleins de couleurs. En plus, elle ne sera jamais assez plane pour monter le circuit qui est déjà dans le grenier alors que votre fils n'a que 9 jours. Si vous persistez, non seulement il faut opter pour le modèle naturel antitaches, mais vous êtes bon pour passer l'aspirateur 2 fois par semaine, interdire les chaussures, et la shampouiner 2 fois par an.

Si vous n'arrivez pas à vous décider, le compromis idéal est d'allier un parquet avec un tapis mœlleux.

UN ÉCLAIRAGE DOUX

On choisit : lorsqu'il est encore tout petit, prévoyez 2 sources de lumière. Le plafonnier avec variateur permet de bien surveiller le sommeil de bébé, une autre lampe est utile à proximité de la table à langer. Sympa pour amuser bébé, la lampe qui tourne et crée une animation lumineuse. Une lampe de chevet avec une ampoule de faible puissance pour éclairer en douceur les tétées ou les biberons nocturnes.

On oublie : les spots qui se fixent à l'aide d'une pince sur la bordure du lit et sont tournés vers les draps : ils peuvent devenir dangereux (à réserver aux plus grands). Pratiques, les lampes halogènes diffusent une lumière agréable (restez vigilants sur la protection de la résistance : un jouet peut y atterrir par inadvertance et brûler) ; à réserver aussi aux plus grands.

DES MURS PAS TROP FLASHY

On choisit : tout ce qui est lessivable ! La peinture ou le papier peint doivent être lavables, au moins jusqu'à 1 m de haut, car l'élan artistique, ça vient vite ! Choisissez une harmonie de couleurs discrètes et reposantes pour vous lasser moins vite. Vous n'aurez qu'à changer les meubles et la décoration au fur et à mesure, sans avoir besoin de refaire toute la chambre. Vous pouvez choisir des rideaux (opaques, la lumière ne doit pas pénétrer) avec des dessins de « lapinoux » pour égayer le tout.

On oublie : la peinture mate, très belle au rendu, mais qui marque beaucoup ; les couleurs trop franches, trop agressives (tout rouge, tout noir), sauf si vous voulez faire de votre bébé le plus jeune névrosé du pâté de maison ; les motifs, les petits personnages partout, qui fatiguent son œil.

Gestes techniques

Ce n'est pas que vous ne soyez pas un manuel (vous passez quand même vos week-ends le nez dans le carbu ou à faire de la sculpture sur ballon), c'est plutôt que cette petite chose vous semble tellement fragile... Beaucoup plus, en tout cas, que le moteur de votre tondeuse, qui a quand même tenu onze ans, dont deux hivers rigoureux. Voici les principaux gestes techniques expliqués à papa avec des mots de papa.

COMMENT CHANGER BÉBÉ LA PREMIÈRE FOIS ?

1. Vérifiez que la pièce est assez chauffée (22 °C) : puis installez votre bébé sur la table à langer recouverte d'une serviette de toilette plus confortable que le plastique du matelas.
2. Avant de retirer la couche, pensez à lui enlever ses chaussettes : les tout-petits ont la sale manie de recroqueviller les jambes, et leurs talons balaient allègrement les fesses sales. Tenez fermement les cuisses levées pendant toute l'opération. Conservez la couche sale en place sous ses fesses pendant tout le change (repliez ouate sale contre ouate sale pour faire reposer ses fesses sur la partie plastique) et utilisez les coins encore propres pour un premier nettoyage grossier avant de la rouler en boule (fermez-la bien avec les adhésifs pour éviter « Beyrouth sur moquette » si elle tombe). Là, vous pouvez remplacer la couche par une petite serviette-éponge.
3. Lavez du plus propre vers le plus sale : en utilisant un coton carré humidifié, pour ne pas ramener des germes ou des selles vers le zizi. Pour une petite fille, commencez par nettoyer le bas-ventre, puis la vulve. Pour un garçon, nettoyez d'abord le dessus du zizi, de la base vers l'extrémité. Puis soulevez-le doucement pour faire la même chose en dessous.
4. Grâce à une serviette ou un autre coton, séchez bien la peau sans frotter : par petits tapotements successifs. N'oubliez pas les petits plis de l'aine.
5. Remplacez la couche tout de suite : dépliez la couche (les adhésifs doivent être derrière, au niveau des reins), centrez-la et glissez-la sous les fesses, les adhésifs au niveau du nombril, pendant que vous saisissez les chevilles du monstre en soulevant légèrement son bassin.

6. Avec un garçon, n'oubliez pas de diriger son zizi vers le bas : cela évitera les fuites à la taille. Et pour bien colmater sur les côtés, dépliez bien les bords froncés autour des cuisses.

COMMENT SAVOIR SI JE NE SERRE PAS TROP ?

On doit pouvoir passer deux doigts entre le ventre de bébé et la couche.

COMMENT PRÉPARER SON BIBERON ?

1. Retirez votre belle cravate Paul Smith (voire votre jolie chemise) : au risque de la retrouver maculée de motifs qui n'ont rien à voir avec la mode. Puis lavez-vous les mains avant de toucher le biberon.

2. Quels que soient le type et la marque de lait, la proportion à verser dans l'eau est la même : 1 mesure de lait pour 30 ml d'eau (et pas question de gonfler la cuillère pour le caler et le faire dormir une heure de plus, il faut plutôt araser les mesures).

3. Naturellement, on aurait tendance à chauffer l'eau avant de verser la poudre : erreur ! L'eau chaude a tendance à coaguler le lait et à générer des grumeaux. Une fois le mélange devenu homogène (roulez le bib' entre vos mains) et à température ambiante, on peut glisser le biberon pendant 20 secondes au four à micro-ondes.

4. Avant de commencer, déposez quelques gouttes sur votre poignet : le lait doit être chaud, pas brûlant (26/28 °C, comme le lait maternel). Le petit lutin hurle tellement que vous n'aurez pas le temps de laisser le biberon refroidir. Passez-le éventuellement sous l'eau froide.

MON TRUC EN PLUS

Bertrand, 31 ans, papa de Saskia, 3 mois.

« Dès que je me sens un peu tendu, un peu nerveux, à cause du boulot ou d'autre chose, je dis à ma fille : "Excuse-moi, ce n'est pas de ta faute, mais je suis un peu sur les nerfs, ce soir..." J'ai l'impression qu'elle comprend, que ça la rassure surtout. »

Fredrick, 22 ans, papa de Daphné, 5 mois.

« Les premiers jours, ma copine était toujours à me surveiller, à voir si je faisais les soins dans les règles, et ça me bloquait complètement. Finalement, c'est en

m'occupant de ma fille la nuit que j'ai pris confiance en moi. Tous les deux, seuls dans le long silence de la nuit, nous répétions nos gammes. »

Rémi, 27 ans, papa de David, 9 mois.

« Quand j'ai ramené ma femme et le bébé à la maison, je leur ai organisé une petite cérémonie de bienvenue. J'avais accroché un calicot "Bienvenue à la maison !" au-dessus de la porte d'entrée. Elle était très émue, moi aussi. »

➔ JE FAIS MON INTÉRESSANT !

- C'est vers 10 ou 12 mois seulement que les capacités visuelles de votre petit Picasso sont voisines des vôtres : il a alors une image très nette de son papa et de sa maman. Avant, il ne distingue guère que les contours des visages, les cheveux, vaguement les yeux, mais pas du tout les détails comme les rides…
- Si le nourrisson bouge beaucoup, dans tous les sens, s'il tremble parfois (on appelle ça les « trémulations du nouveau-né »), c'est que son système nerveux se développe petit à petit, qu'il s'organise encore !

COMMENT LUI DONNER SON PREMIER BIBERON ?

1. Trouvez un endroit où vous vous sentez bien : un fauteuil avec des accoudoirs, par exemple. Dos bien calé, cherchez une position que vous pourrez tenir 15 minutes, et qui favorisera la communication avec votre bébé. Votre bras constitue un super oreiller. La nuque du bébé bien calée au niveau de l'articulation du coude et sa joue contre votre buste.

2. Déclenchez le réflexe de la succion : en caressant doucement sa joue. Votre bébé se tournera dans votre direction, la bouche grande ouverte, prêt à passer à table.

3. Mettez-lui la tétine dans la bouche : inclinez le biberon à 45° de sorte que la tétine soit toujours pleine de lait et qu'elle n'appuie jamais sur le nez du bébé.

4. Retirez le biberon : glissez le petit doigt au coin de sa bouche pour stopper la succion.

IL FAUT PRÉVOIR :

- Un robinet d'eau qui fonctionne,
- Du lait en poudre,

- Une mesurette (fournie dans le lait),
- Un couteau (pour égaliser la mesurette),
- Une casserole.

→ LAITS POUR BÉBÉ : LE CHOIX SANS L'EMBARRAS

HA, AR, 1er âge, 2e âge... Choisir le bon lait pour votre bébé exigerait presque un diplôme de diététique s'il n'y avait ce petit lexique.

POUR UNE MEILLEURE DIGESTION : LES LAITS FERMENTÉS

C'est quoi ? Enrichis le plus souvent en bifidus (bactérie naturellement présente dans l'intestin), ils facilitent la digestion des protéines et du lactose, et aident l'organisme à lutter contre les bactéries extérieures.

Pour qui ? Les bébés qui souffrent de maux de ventre et ceux qui ont du mal à faire face aux infections.

CONTRE LES RÉGURGITATIONS : LES LAITS AR

C'est quoi ? Ces laits « premium » ou « confort » sont épaissis avec de la farine de caroube, de maïs, de riz ou avec de l'amidon. Pour une meilleure efficacité, votre pédiatre peut vous prescrire en plus un épaississant de type Gumilk.

Pour qui ? Les bébés « cracheurs » qui n'ont rien à voir avec les bébés souffrant de reflux gastro-œsophagien et qui suivent pour cela un traitement médical adapté.

CONTRE LES ALLERGIES : LES LAITS HA

C'est quoi ? Les protéines de lait de vache sont beaucoup plus fractionnées que dans un lait traditionnel pour limiter les risques de réaction allergique. Hypoallergéniques, ces laits ne sont en revanche pas inadaptés aux cas d'intolérance aux protéines de lait de vache.

Pour qui ? Les bébés nourris au sein en cours de sevrage ou ceux présentant un terrain allergique familial.

POUR GRANDIR SANS GROSSIR : LES LAITS DE CROISSANCE

C'est quoi ? Les laits de croissance sont mieux dosés en fer, en acides gras essentiels en en protéines que le lait de vache ordinaire. Trop riche en protéines, ce dernier pourrait être lié à l'augmentation des cas d'obésité infantile. Par ailleurs, insuffisant en acides gras essentiels et déficient en fer, le lait ordinaire serait responsable des carences nutritionnelles les plus graves chez les bébés.

Pour qui ? De plus en plus de pédiatres conseillent les laits de croissance aux enfants de un à trois ans. Un demi-litre par jour couvre 50% des besoins nutritionnels.

MON TRUC EN PLUS

François-Xavier, 39 ans, papa de Yannick, 9 mois.

« Pour bercer mon petit pou et l'endormir directement dans son lit, je glisse un bouquin de poche sous un pied : il n'y a plus qu'à appuyer sur le côté opposé du lit. »

« J'ai peur de frotter sa peau toute fragile en le séchant. Comment procéder ? »

Commencez par l'envelopper dans une grande serviette chaude bien douce (éventuellement repassée à la vapeur). Repliez l'un des pans sur lui (ne lui recouvrez pas le visage, vous risquez de le faire pleurer), puis le second pan jusqu'à l'emmailloter complètement. Commencez par tapoter légèrement toutes les parties du corps avec la serviette, sans frictionner. Pensez aussi à souffler, non seulement vous le séchez en douceur, mais en plus vous le détendez. Veillez à essuyer tous les petits replis cutanés, dans le cou, derrière les oreilles, aux aisselles, à l'aine, entre les orteils. Si c'est trop difficile d'accès, essayez avec un gant de toilette (pour les grandes zones du corps) – ça passe partout –, un mouchoir en papier, une compresse coupée en quatre ou même un coton-tige pour les oreilles et les orteils.

MON TRUC EN PLUS

Philippe, 34 ans, papa de Mathéo, 20 mois.

« Le jour où nous sommes rentrés à la maison, j'ai décidé de dresser une liste : une tâche administrative à accomplir chaque jour (rendez-vous chez le pédiatre, banque, feuille de Sécu à renvoyer...). J'avais l'impression d'être moins débordé et d'avancer dans ce que j'avais à faire. »

Georges, 29 ans, papa de César, 6 mois.

« Pour remercier tous ceux qui nous ont envoyé des cadeaux pour la naissance de César, nous l'avons photographié plusieurs fois tenant dans les mains à chaque fois un cadeau différent, et nous avons envoyé ces polaroïds aux généreux donateurs avec un petit mot. Tout le monde a été très touché. »

Comment le porter en toute sécurité ?

Bien souvent, on se retrouve devant lui comme devant une porcelaine rare et fragile. Eh bien, c'est faux. Vous pouvez y aller, il ne se cassera pas (pas avant 18 ans).

1. Contre l'épaule : calez-le contre votre épaule (une main sous ses fesses, la tête maintenue avec l'autre), le battement de votre cœur le rassurera.

2. Tourné vers l'extérieur : son dos contre vous, maintenez-le par la poitrine d'un bras, et utilisez l'autre pour soutenir ses fesses.

3. En appui sur votre bras : la tête du bébé repose au creux de votre coude, son corps sur votre avant-bras. Passez votre autre bras entre ses jambes pour que votre main soutienne son ventre.

→ ATTENTION !

Les chutes de table à langer sont bien plus courantes qu'on l'imagine. Pour ne pas lâcher votre bébé une seconde, préparez tout le nécessaire avant : couche propre, gant de toilette ou cotons imbibés d'eau, liniment oléocalcaire, et éventuellement vêtements de rechange.

Comment lui faire faire son petit rot ?

Souvent, les premiers rots sont difficiles à obtenir, il vous faudra plusieurs semaines pour parfaitement maîtriser la technique (si le rot ne vient pas, votre bébé peut avoir de petites régurgitations sans gravité). N'en faites pas une obsession et testez une à une ces méthodes éprouvées.

1. Le tête-à-tête : installez-le délicatement sur vos genoux, le plus droit possible (son estomac ne doit pas être plié en deux). Soutenez sa poitrine d'une main alors que de l'autre, vous le frottez ou le tapotez au niveau des omoplates.

2. Le petit koala : placez-le de sorte que sa tête soit au-dessus de votre épaule, tournée vers l'extérieur. Soutenez fermement ses fesses d'une main, de l'autre, tapotez délicatement son dos ou en opérant un léger massage, la main bien à plat, dans le sens des aiguilles d'une montre.

3. Le vol 208 : allongez-le « en avion », de sorte que son ventre repose sur un genou et sa poitrine sur l'autre (sa bouche ne doit pas être obstruée), le buste un peu redressé par rapport aux fesses. Frottez délicatement son dos d'une main, ou des deux. S'il ne s'est rien passé au bout de 10 minutes, passez à autre chose.

4. Le tire-bouchon : pendant que votre bébé est assis sur vos genoux, saisissez-le à la taille et faites-le doucement pivoter d'un côté à l'autre.

MON TRUC EN PLUS

Thibault, 28 ans, papa de Léa, 5 mois.

« Une sage-femme m'avait dit que les bébés adoraient les visages. Aussi, quand Léa avait quelques semaines, je lui ai découpé des visages dans un magazine, que j'ai collés autour de son lit. Elle scrutait ça avec délice pendant de longues minutes. »

Michel, 30 ans, papa de Chloé, 6 mois.

« Quelques semaines après sa naissance, Chloé avait parfois du mal à s'endormir. Souvent, je m'allongeais dans sa chambre, près du berceau, avec un bon livre. Elle me sentait là, calme, et elle sombrait dans le sommeil facilement. »

RAPIDE, DIRECT, EFFICACE, RIEN À DIRE ELLE EST VRAIMENT SUPER TA TECHNIQUE POUR LES ROTS

Comment le masser pour le relaxer ?

Idéal pour la détente, le massage d'une dizaine de minutes sert aussi à créer une connivence (c'est essentiel si vous ne le nourrissez pas) et permet au bébé de prendre conscience de son corps.

1. Après un léger massage du crâne : posez vos pouces au centre de son front, faites glisser vos pouces en ligne droite vers les côtés du crâne. Recommencez 2 ou 3 fois, en plaçant vos pouces plus bas cette fois. Après, posez vos pouces au-dessus des sourcils et faites-les glisser doucement, en appuyant doucement sur les tempes de votre bébé.

2. Glissez vos mains sur sa poitrine : avec la base des paumes, massez la partie inférieure de la cage thoracique vers le bas et vers l'extérieur, puis ramenez les mains au centre.

3. Commencez par frictionner le dessus du pied avec les pouces, puis faites rouler chaque orteil entre votre pouce et votre index, en les écartant un petit peu pour qu'ils soient en éventail.

4. Massez maintenant le pied en entier : entre vos paumes en tirant vers vous.

MON TRUC EN PLUS

Gérard, 39 ans, papa de Simon, 19 mois.

« Mon fils Simon s'endormait souvent dans son transat. Mais dès que je le transférais dans son lit, il se réveillait. En chauffant sa gigoteuse et son matelas avec un sèche-cheveux, il ne se rendait plus compte de rien et n'ouvrait même pas un œil au moment du transfert. »

Comment le sortir de son lit et l'y déposer ?

Dès que vous prenez un nourrisson dans vos bras, il faut soutenir sa tête volumineuse et lourde (un tiers du volume total du corps) pour lui éviter inconfort et microtraumatismes.

1. De votre main gauche, par exemple, soulevez sa tête : avec précaution, afin de glisser votre main droite sous sa nuque.

2. Déplacez alors la main libérée (la gauche) sous ses fesses : en faisant balancier, extrayez-le doucement, la tête un peu plus haut que les fesses.

→ CHECK-UP DU LIT POUR BÉBÉ

Ce lit à barreaux devrait accueillir votre enfant de 0 à 3 ans alors voici quelques points à vérifier avant d'acheter :

- Le sommier doit être réglable en hauteur (de 1 à 4 niveaux) pour épargner votre pauvre dos.
- Le lit en bois doit être parfaitement lisse, sans risque d'échardes ou d'écailles.
- Les angles doivent être arrondis.
- Le matelas doit parfaitement s'adapter à la taille du lit pour éviter que votre enfant ne s'étouffe avec.
- Il doit être muni de roulettes et de freins (idéal pour bercer).
- Il doit comporter la mention « conforme aux normes de sécurité en vigueur (NF EN 716, norme européenne) ».

Comment lui donner son bain ?

1. Après avoir laissé à portée de main un drap de bain, ainsi qu'une couche propre et un pyjama, déshabillez votre bébé, en ôtant sa couche en dernier. Si elle contient du caca, essuyez-le d'abord (vous n'allez pas salir son bain, quand même !).

2. Portez votre bébé en mettant une main sous ses aisselles : sa tête reposant sur votre avant-bras, puis l'autre main dans l'entrejambe. Immergez-le, en commençant par les pieds.

3. Versez une noisette de produit 2 en 1 dans votre paume : de l'autre, maintenez bébé sous la tête. Savonnez en commençant par la tête (plus propre), comme on caresse un petit poussin, vous voyez ?

   Continuez par le ventre, les aisselles, les plis de l'aine. On termine par les orteils, le zizi ou la vulve, les fesses.

4. Maintenez votre bébé avec une main derrière la nuque : avec l'autre, versez-lui doucement de l'eau sur le corps, la tête (sans lui mouiller le visage). L'effet de surprise passé, il va adorer. Sortez-le après 5 à 8 minutes.

MON TRUC EN PLUS

Éric, 38 ans, papa de Mahaut, 18 mois.

« Ma fille ne supportait pas le contact du gel douche froid sur sa peau, alors j'ai suspendu un filet sous le robinet : quand le bain coule, je mets le flacon dans le filet, il est tout chaud au moment du savonnage, et il n'y a plus de crise. »

Thierry, 29 ans, papa d'Elia, 14 mois.

« Depuis que mon fils est tout petit, il m'arrive souvent de lui donner deux bains par jour lorsqu'il est un peu agité. Ça a le don de le calmer illico. »

Comment lui enfiler un vêtement à col sans lui arracher la tête ?

En général, les bébés n'aiment pas être habillés. Vous verrez, il s'agite tellement qu'on a vite fait de croire que la petite créature a quatre bras et autant de jambes. Prévoyez, à portée de main, les vêtements dont vous aurez besoin alors pour l'immobiliser quelques secondes…

1. Avec vos deux mains, tirez sur le tissu : élargissez l'ouverture le plus possible, engagez l'arrière du col sous la nuque (n'essayez pas par le haut de la tête, ça ne passera pas).
2. En soulevant doucement sa tête (attention de ne pas le griffer), faites glisser l'avant du col le long de son front, puis de son visage jusqu'à franchir le menton.
3. Introduisez trois de vos doigts dans la manche : du poignet à l'épaule, attrapez la main de bébé (ainsi, ses doigts ne peuvent pas s'écarter).
4. Faites coulisser le tissu de la manche sur le bras avec votre main libre : après avoir engagé la manche jusqu'en haut du bras, lâchez la main du bébé.

→ ATTENTION !

Les séances d'habillement ne doivent surtout pas être vécues comme un exercice. Elles doivent être pleines de tendresse et sont avant tout l'occasion de découvrir votre enfant, de vous amuser avec lui. Il sentira votre assurance et se laissera faire…

MON TRUC EN PLUS

Bernard, 28 ans, papa de Nina, 2 mois.

« Ma fille n'aime pas trop qu'on l'habille, ou plutôt qu'on la déshabille. Alors, je veille à ce qu'elle ne soit jamais nue : je déshabille d'abord le haut (je remplace le pyjama par sa tenue de jour), puis le bas. En procédant ainsi, elle ne dit rien. »

Pierre, 30 ans, papa de Luc, 6 semaines.

« Quand Pierre n'arrive pas à faire son rot (ce qui m'inquiétait, au début), je le couche sur le ventre, ou je l'assois bien droit, en lui tenant la tête : le rot est presque immédiat. »

Comment le mettre dans le porte-bébé ?

Les pères adorent ça : c'est un super moyen de partir en vadrouille avec lui en vous découvrant mutuellement.

1. Avant de partir en vadrouille : entraînez-vous à le mettre « à blanc » à la maison.
2. Dès qu'il est harnaché, parlez-lui : touchez-le, rassurez-le, c'est une expérience toute nouvelle pour lui, et puis il ne vous voit pas.
3. Quand vous marchez dans la rue : gardez toujours votre main sur sa tête, qui risque de dodeliner de droite à gauche.

→ 5 CONSEILS POUR BIEN CHOISIR UN PORTE-BÉBÉ

Le portage ventral, ça peut être un vrai bonheur pour papa, mais aussi un enfer pour le bébé. Pour éviter les effets néfastes du portage ventral, tant pour vous que pour lui, le porte-bébé doit permettre :

1. De remonter suffisamment les cuisses de bébé comme dans un portage traditionnel, au lieu d'avoir les jambes pendantes ; ainsi son dos sera tenu, il retrouvera la position fœtale et sera plus « compact » ; ne représentant plus un « levier » aussi important, il sera également moins pesant pour le porteur (moins de mal de dos).

2. De placer le bébé très haut, sa tête au niveau de votre menton, pour un meilleur contact et pour moins tirer dans le vide et vers le bas.
3. De plaquer le tout-petit contre le corps de papa ou maman, toujours pour le contact et pour éviter l'effet levier qui vous oblige à vous pencher en arrière.
4. D'être adaptable à tout moment, en fonction de celui qui porte (de ses vêtements, de sa corpulence, de son attitude), des vêtements de l'enfant, etc., ce que ne permettent malheureusement pas la plupart des modèles.
5. Un portage évolutif quand l'enfant grandit, avec les mêmes caractéristiques de placement et de maintien : tourné vers l'extérieur, sur le côté ou dans le dos, afin d'en faire un accessoire qui accompagne le portage dans le temps. En effet, on sait bien que la poussette n'est pas toujours là ou pas toujours pratique, que les petits enfants qui marchent se fatiguent vite, s'endorment, s'arrêtent rapidement dans les escaliers. Bref, même si on pense ne plus avoir à porter, cela arrive bien plus souvent et bien plus longtemps qu'on ne le croit.

MON TRUC EN PLUS

Éric, 27 ans, papa de Léo, 15 mois.

« Léo, à 3 mois, régurgitait beaucoup. Alors, j'ai surélevé la tête du lit avec des bouquins. Du coup, mon fils était tassé au fond du lit. J'ai fixé à son drap-housse un vieux caleçon avec des épingles à nourrice sécurisées, puis j'ai glissé les petites pattes du petit remueur dans ledit caleçon. »

Jérémy, 30 ans, papa de Yan, 7 mois.

« Pour soulager les coliques de mon fils, qui le rendaient bougon, je lui caressais le ventre dans le sens des aiguilles d'une montre, ou encore je l'allongeais sur le ventre. C'est presque miraculeux. »

Charles, 31 ans, papa de Nina, 13 mois et de Paul, 1 mois.

« Lorsque ma fille Nina était tout bébé, notre pédiatre m'avait donné un truc pour éviter qu'une rhino se transforme en bronchiolite : mettre dans la chambre du bébé l'étendoir avec le linge tout juste sorti de la machine. Grâce à cet air bien humidifié, le bébé respire mieux. »

ACTE 5

EN VITESSE DE CROISIÈRE

Vous vous baladez au parc, avec votre bébé en poussette, en vieux routier de la paternité. Fier comme jamais, vous souriez intérieurement en voyant le chemin parcouru (pas depuis votre départ de la maison, depuis la naissance de la crevette qui a tout l'air de pousser convenablement). Et pourtant, 5 semaines après, l'émotion est intacte : le ciel est toujours « bleu layette », les nuages « rose fesses »... Vous n'appréhendez plus de le changer devant tout le monde, sur un banc, sur l'herbe fraîche ou sur la banquette d'un TGV-Atlantique. Vous maîtrisez tout, vous savez même replier la poussette-canne tout en sortant votre passe Navigo dans le bus. Vous avez toutefois repris le boulot avec plaisir (de vraies vacances)... Il y a la pause-café, le trajet où vous avez le loisir de lire un livre sans images, et le bonheur de retrouver votre petite famille en fin de journée. Il y a bien encore quelques petits ratés, mais là, tel que vous vous voyez dans cette glace du centre commercial où vous êtes venu acheter des couches, vous êtes plus que comblé. Heu-reux !

« Comment s'organiser pour dormir un peu ? »

Vous n'avez pas le choix : vous devez modifier vos propres habitudes de sommeil pour éviter de ressembler à un zombi cravaté. Cela signifie que vous devrez vous coucher plus tôt, faire des sommes en même temps que votre bébé. Ménagez-vous. S'il est nourri au bib', ne prenez pas en charge une nuit complète, mais occupez-vous du bébé chacun à votre tour. Et demandez à des parents ou à des amis de venir vous aider de temps à autre.

→ PETITS TRUCS POUR SOULAGER BÉBÉ DE SES GAZ

1. Si votre bébé est en proie à des crises de larmes fréquentes et qu'il replie les genoux vers sa poitrine quand il pleure, il essaie de vous faire comprendre qu'il a des gaz douloureux.
2. Allongez-le sur le dos et appuyez délicatement sur ses jambes de haut en bas comme s'il faisait du vélo : ce simple exercice aide à étirer l'estomac de bébé et, par conséquent, à soulager les crampes abdominales.
3. Un massage de son petit ventre pendant 5 à 10 minutes peut contribuer à libérer les gaz qui y sont emprisonnés en encourageant le tractus gastro-intestinal et le tube digestif à fonctionner normalement.
4. Une autre solution est de l'allonger à plat ventre sur vos genoux, la tête et le corps bien calés, les jambes ballantes.
5. Une bouillotte peut faire des miracles : pour confectionner une bouillotte spéciale bébé, utilisez un biberon petit modèle que vous enveloppez dans une chaussette. Et attention, pas chaude l'eau dans la bouillotte, tiède seulement.

Si rien n'y fait, le pédiatre peut prescrire des traitements adaptés. Si vous donnez le biberon, il peut vous conseiller un lait plus digeste. Faites preuve de patience. Comme le système digestif de votre bébé est en pleine croissance, plusieurs semaines peuvent s'écouler avant qu'il s'habitue à boire ou à manger. Si la flatulence le rend grognon et maussade, prenez-le dans vos bras ou transportez-le dans un porte-bébé.

T'ES SÛR AVEC TON TRUC DU VÉLO ?
QUATRE MOTS...
PRÉPARE...
TOI...
À...
COURIR !!!

« Est-ce qu'il existe un bon truc pour lui faire avaler ses médicaments ? »

S'il s'agit d'un sirop ou d'une solution buvable, posez la cuillère tout au bord de sa bouche, un peu inclinée, pour que votre bébé puisse « laper » le produit. Vous pouvez utiliser une seringue : placez-la sur le côté de la bouche, juste à l'entrée de la commissure des lèvres, orientée vers l'intérieur de la joue et non face à la trachée (pour éviter le risque de fausse route). Appuyez lentement sur la pompe pour permettre à votre bébé de « tétouiller » le bout. Surtout, ne mettez jamais son médicament dans son biberon de lait : s'il ne finit pas celui-ci, il risque de ne pas avoir la posologie nécessaire.

« Est-ce aussi précis de lui prendre la température sous le bras ? »

Si vous veillez à bien conserver la pointe du thermomètre sous son aisselle, c'est tout bon. Après quoi, vous ajoutez un degré à la température ainsi obtenue. Mais, entre nous, rien ne vaut le thermomètre rectal pour une précision maximale, sachant que même si vous y voyez un geste un peu violent, le bébé, lui, ne sent rien.

« Existe-t-il un moment idéal pour lui prendre sa température ? »

La température d'un bébé peut varier d'un moment à l'autre de la journée. Elle peut même augmenter de quelques dixièmes de degré s'il pleure beaucoup ou s'il est en pleine digestion. Pas question toutefois d'imputer sa fièvre à un accès de colère ! La seule chose à prendre en compte, c'est l'heure à laquelle vous lui avez éventuellement administré son médicament antipyrétique (contre la fièvre). Vous n'aurez une idée précise de sa fièvre qu'en lui prenant sa température six heures après. Par mesure de sécurité, si vous le trouvez grognon, prenez-lui sa température avant de le coucher.

MON TRUC EN PLUS

Richard, 32 ans, papa de Tony, 9 mois

« Pour être tranquille quand je suis au volant, j'ai fabriqué moi-même une arche d'éveil pour mon fils : j'ai récupéré une barre de tapis d'éveil, puis je l'ai fixée en arceau sur le siège auto. Je peux y fixer plein de petits jouets… Il adore. »

Sébastien, 27 ans, papa de Ludivine, 2 ans.

« Lorsque ma fille était constipée, il suffisait que j'appuie légèrement avec mon pouce sur la plante de son pied 2 ou 3 fois : c'est de la réflexologie. Bien entendu, cela marche pour les enfants et pour les adultes. »

« J'ai entendu parler du syndrome du bébé secoué. Faut-il arrêter de jouer à l'avion avec lui ? »

Il faut impérativement savoir que les muscles du cou d'un enfant de moins de 2 ans (a fortiori qui n'a pas encore 1 an) ne sont pas assez toniques pour maintenir la tête du bébé, qui est bien lourde par rapport à son corps, quand elle est ballottée. De plus, sous l'effet des secousses (ces mouvements brutaux et rapides de va-et-vient de la tête), son cerveau cogne contre sa boîte crânienne, ce qui peut provoquer des lésions irréversibles. Il faut savoir que chaque année en France plus de 300 bébés meurent ou gardent de graves séquelles mentales dues à un secouement qui n'était pas (le plus souvent) malveillant. Pas de panique : ce n'est pas parce que vous faites sauter bébé sur vos genoux ou que vous tournoyez sur place à petite vitesse quand vous l'avez dans les bras que votre bébé sera secoué. Du moment que vous lui maintenez la nuque, il n'y a aucun risque. Ce dont il faut se méfier, c'est ce moment qu'on connaît tous où l'enfant pleure depuis une heure et qu'on est pris d'une furieuse envie de le secouer pour qu'il arrête ! C'est inutile et très dangereux.

« J'ai repris le boulot. Comment m'aménager du temps à moi en dehors des couches et des cris ? »

D'abord, il faut savoir prendre le temps de ne rien faire les premiers jours, juste pour récupérer. Si vous vous précipitez sur une activité quelconque, un truc à faire dès que le bébé vous en laisse le temps, vous allez accumuler de la fatigue. Et comme votre compagne est aussi fatiguée, on tolère moins les remarques et l'on va vite au clash. Vous pouvez sortir sans le bébé, en le confiant à votre mère ou à votre sœur, par exemple. Il suffit de le lui dire : « Je suis ton père, mais je suis aussi Lionel et j'ai besoin d'aller faire 15 longueurs dans le grand bassin pour aller bien. » Le dire à l'enfant, qui ne souffrira pas de votre absence, c'est déjà se sentir mieux. Il faut oser prendre ce temps-là.

« Pour l'équilibre de notre petit trio, c'est important que je prenne un peu l'air » : vous devez faire comprendre ça à votre compagne aussi. Si vous avez repris le boulot, autorisez-vous à prendre tout le temps de rentrer à la maison pour décompresser : faites un petit détour par votre boutique de chaussures préférée, par exemple. Si vous êtes à la maison et n'arrivez pas à dire à votre compagne que vous avez besoin d'un bon bol d'air, proposez-lui d'aller faire les courses (seul !), d'aller laver la voiture, ça passera tout de suite mieux. Alors, évidemment, il faut accepter de laisser aussi du temps à l'autre : Elle acceptera d'autant mieux votre besoin à vous que vous la laisserez s'épanouir, Elle aussi. Proposez-lui de garder le bébé pendant qu'elle va chez le coiffeur ou chez l'esthéticienne.

« On n'a toujours pas refait l'amour depuis la naissance… Ça va durer longtemps, cette histoire ? »

Dites-vous qu'elle va reprendre, votre sexualité, à un moment où à un autre. D'ailleurs, vous n'êtes pas le seul mâle du quartier à n'avoir plus une sexualité débridée, c'est pareil pour tous les couples ! Même si le couple a eu 9 mois pour s'habituer à l'idée d'être parents, la venue au monde d'un enfant représente un grand bouleversement. Pour la femme, d'abord, qui brusquement passe du statut de « compagne » à celui de « maman », pour l'homme, ensuite, qui peut se sentir évincé – parfois à juste titre – de la « relation fusionnelle » que sa compagne continue parfois d'installer avec bébé. Il faut se réapproprier le corps de l'autre, le redécouvrir.

Il faut être patient, séduire à nouveau. Il ne faut pas entendre sexualité uniquement par pénétration, il faut être imaginatif (pensez aux caresses, à la masturbation, sans culpabilité). Tout cela peut prendre 1 semaine, 2 mois, 3 mois (cette période de transition, on l'appelle joliment les «petites fiançailles»)... Ça n'est pas anormal. Il y a l'enfant, et puis la fatigue liée à l'enfant. Si vous avez eu une sexualité normale pendant la grossesse, vous tolérerez mieux cette période d'abstinence (c'est peut-être trop tard pour cette fois-ci, vous le saurez pour le prochain enfant). N'hésitez pas à en parler avec votre compagne et à lui faire savoir votre désir, cela l'aidera sans doute à dépasser ses appréhensions. En revanche, si vous n'avez plus de rapport au-delà de 2 ou 3 mois, consultez votre généraliste, son gynéco, ou éventuellement un thérapeute de couple.

« Tout tourne autour du bébé : je me sens rejeté... Comment redécouvrir notre couple ? »

Vous pouvez éprouver de la jalousie en voyant votre compagne accorder autant d'attention à ce nouveau membre de la famille. Et si vous vous sentez exclu, vous aurez peut-être tendance à vous écarter encore davantage de cette relation, à vous absenter de plus en plus fréquemment, en revenant du boulot tard... Eh bien, c'est exactement l'attitude inverse qu'il convient d'adopter : vous devez «séparer» la maman de son enfant en étant suffisamment présent et en jouant pleinement votre rôle de père. Donnez-lui le bain, changez-le, jouez avec lui, promenez-le. Enfin, il faut veiller, de temps en temps, à se retrouver à deux, sans le bébé, afin que la jeune mère prenne conscience, petit à petit, que son enfant ne fait plus partie d'Elle. Dès que vous aurez un peu sorti la tête de l'eau, confiez votre bébé à une baby-sitter et emmenez-la à l'hôtel comme si vous étiez de jeunes amoureux en fugue.

« Jusqu'à quel point les sensations changent-elles lors de la reprise d'une sexualité ? »

Le périnée à été détendu par le passage du bébé : il y a une atonie des muscles. Alors, ne pensez pas que vous ne lui donnez plus de plaisir !

Simplement, parlez, dites ce que vous ressentez ou ne ressentez pas. Toutes ses sensations, et les vôtres, vont revenir grâce à la rééducation du périnée. Si vous n'arrivez plus à éjaculer, dites-lui ce qui se passe, avec des mots doux, toujours. Si Elle a eu une « épisio », le muscle du périnée a été coupé, il est donc sensible, et c'est normal que vous ayez tous les deux une appréhension avant et pendant les rapports. Sachez juste que c'est du solide, ça ne cassera pas ! La douleur se fait sentir à la pénétration, pas pendant tout le rapport : proposez-lui d'utiliser des lubrifiants. C'est parce que vous referez l'amour qu'Elle n'aura plus mal.

Quand je dis que vous devez réinventer votre sexualité, vous pouvez masser sa cicatrice avec les doigts, préparer le périnée au rapport. Et puis prenez les positions qui appuient moins sur le périnée : sur le côté, ou par derrière, si ça fait trop mal. Surtout, il faut prendre le temps.

Prendre le temps pour qu'Elle arrive à se détendre.

→ TROIS PETITES COMPTINES POUR FAIRE RIRE UN BÉBÉ

Dès qu'il aura un mois, si vous n'avez plus la moindre idée pour l'amuser ou le calmer, dites-vous qu'il vous suffit d'une comptine, d'une main ou deux, et puis c'est tout.

VOICI MA MAIN (dès 1 mois)

« Voici... » (poing fermé)

« ... ma main » (main grande ouverte)

« Elle a... » (poing fermé)

« ... cinq doigts » (main grande ouverte)

« En voici deux... » (pouce et index dressés, les autres doigts repliés)

« ... en voici trois ! » (pouce et index repliés l'un contre l'autre en pince, les autres doigts levés)

La comptine se reprend du départ jusqu'à plus soif...

LA FOURMI (dès 1 mois)

« La fourmi m'a piqué la main (votre doigt pointe la paume de sa main)

...La coquine, la coquine,

...La fourmi m'a piqué la main (idem)

...La coquine, elle avait faim ! »

« La fourmi m'a piqué le nez (votre doigt touche son nez)

La coquine, la coquine,

La fourmi m'a piqué le nez, (idem)

La coquine, elle avait faim ! »

Etc. Vous pouvez égrener, comme ça, le pied, le menton, l'oreille...

LA VISITE DE LA MAISON (vers 3 mois)

« Ce soir, je fais le tour de ma maison (le doigt dessine le contour du visage du bébé)

...Je ferme les volets (le doigt ferme les paupières l'une après l'autre)

...Je descends l'escalier (le doigt descend le long du nez)

...J'essuie mes pieds sur le paillasson (le doigt va et vient entre le nez et la lèvre supérieure)

...Et je rentre » (le doigt entre dans la bouche).

Plus tard, vous pouvez utiliser cette comptine pour commencer un repas (la cuillère peut alors très bien remplacer votre doigt).

« Après la naissance du bébé, faudra-t-il modifier nos pratiques sexuelles ? »

Dites-vous surtout que vous n'êtes plus les mêmes, ni vous, ni Elle. Vous avez changé d'état. Vous êtes 3, désormais, ou 4, ou 5, vous n'aurez plus le même rythme sexuel, mais ça ne veut pas dire une sexualité de moins bonne qualité. Vous ne vous en rendez pas compte, là, sur le moment, mais vous vivez un moment positif dans votre histoire sexuelle commune. Vous êtes en train de vivre un éveil sensoriel : il y a une finesse du plaisir que vous ne connaissiez pas. Vous devez réinventer votre sexualité. Et dites-vous que si vous ne passiez pas par là, enfant ou pas enfant, tout cela deviendrait routinier. Donc, c'est une aubaine.

« Si elle allaite, serais-je en mesure de me réapproprier ses seins ? »

Le sein, c'est vrai, a une double fonction, érotique et nutritive. Et dans les débuts de l'allaitement, elle est surtout nutritive. Ce n'est pas pour ça que votre compagne n'acceptera pas qu'ils soient touchés ou léchés.

Ça dépend, et des femmes, et des moments. Il ne faut pas hésiter à oser, Elle vous arrêtera si c'est sensible. Si c'est le cas avec votre dulcinée, vous n'avez pas d'autre solution que de respecter ça, et de vous attarder ailleurs ! Ça ne veut pas dire qu'il n'y a pas de désir, c'est juste que le sein est provisoirement sensible, ça reviendra.

« 1 mois, n'est-ce pas trop tôt pour l'emmener aux bébés nageurs ? »

Le bébé nageur doit impérativement avoir reçu les deux injections de Pentacoq et son BCG (certificat médical à l'appui). En clair, vous ne pouvez y emmener votre grenouille qu'à partir de 4 mois. Et puis le papa qui se voit déjà le dimanche matin faire des concours de crawl avec sa progéniture doit savoir que les bébés n'apprennent pas à faire la planche. D'ailleurs, avant 5 ans, les mouvements ne sont pas assez coordonnés, et la nage codifiée est impossible. L'intérêt de cette pratique, c'est de développer la proximité corporelle, de vous rendre attentif aux capacités physiques de votre enfant aussi. Pour obtenir des renseignements, contacter la fédération des activités aquatiques d'éveil et de loisir :

Tél. : 01 43 55 98 76 Internet : www.fael.asso.fr

« À partir de quel âge puis-je prendre l'avion avec mon bébé ? »

Si vous avez reçu le feu vert de votre pédiatre, dès la sortie de la maternité ! Sachez que l'avion est le moyen de transport le plus rapide donc le moins fatigant pour le bébé, et pour vous, les parents, qui serez finalement beaucoup plus détendus, et de ce fait, plus disponibles.

→ 6 CONSEILS POUR BIEN VOLER EN AVION AVEC UN BÉBÉ

1. Durant le vol, votre bébé doit reposer dans un lit-nacelle (à réserver à l'avance au moment de l'achat du billet et à confirmer en arrivant plus tôt à l'embarquement) ;
2. À l'atterrissage et au décollage, prenez-le dans vos bras, et profitez-en, non pas pour lui montrer les contreforts du Colorado par le hublot, mais pour lui donner à boire un biberon (ou le sein) pour éviter les douleurs d'oreilles dues aux brusques changements de pression (la tétine, ça marche aussi) ;
3. L'air pressurisé de la cabine étant sec et déshydratant, prévoyez de quoi le faire boire beaucoup ;
4. S'il a été enrhumé, ou s'il l'est encore, faites vérifier ses tympans par le pédiatre quelques jours avant le départ afin d'être sûr qu'il n'a pas d'otite. Et nettoyez soigneusement son nez quelques minutes avant le décollage et l'atterrissage ;
5. Habillez-le de plusieurs épaisseurs de vêtements pour pouvoir le découvrir ou le recouvrir en fonction des variations de la climatisation.
6. N'hésitez pas à présenter votre enfant aux passagers autour de vous : ils se sentiront plus concernés et supporteront ses éventuels pleurs avec le sourire.

« Nous devons faire un long trajet en voiture. Dois-je m'attendre au pire ? »

Votre bébé n'y verra que du feu pour peu que vous respectiez deux règles : rouler de nuit (vous tombez en plein dans son cycle de sommeil et vous avez toutes les chances de ne pas le voir ouvrir l'œil de tout le trajet) et investir dans un lit-auto à armatures métalliques et protégé par un filet (voir le site www.bebeconfort.com). Pensez à emporter une lampe de poche, un doudou phosphorescent, ou visible dans le noir, et à accrocher sa tétine à la ceinture de sécurité.

« Mon enfant sera-t-il plus vif si je le mets dans le porte-bébé ? »

Disons qu'il recevra beaucoup plus de stimuli que ceux qu'on laisse seuls des heures dans leur chambre. Il participera à toutes les activités de la maisonnée, « à hauteur d'homme », tout en étant sécurisé par le contact. On constate que les enfants portés crient moins que les autres.

Non pas tant que leurs pleurs soient calmés par le portage (cela arrive) que parce qu'ils n'ont pas besoin de pleurer : le contact étroit avec l'adulte fait que ce dernier est tout de suite averti des besoins du bébé et peut les satisfaire sans attendre. Non seulement le portage facilite l'attachement parents/enfant, mais il renforce le sentiment de compétence et de confiance en soi des parents, qui savent qu'ils ont un moyen sûr de satisfaire les besoins de leur bébé.

« Quels sont les réflexes à avoir en tête si la fièvre monte ? »

Il a soudain une poussée de fièvre, vous êtes tout seul ? Inutile de paniquer. Si vous faites ce qui suit, tout devrait rentrer dans l'ordre sans que vous ayez besoin d'appeler votre mère à la rescousse…

1. Je le déshabille : votre bébé a les yeux brillants, les mains chaudes, il manque d'appétit… En posant votre main sur son front, vous sentez qu'il a de la fièvre. Découvrez-le pour ne lui laisser qu'un body léger : un bébé trop couvert peut voir sa température monter de 3 ou 4 degrés (ça ne sert à rien de lui donner un bain si vous lui remettez son pyjama). L'hyperthermie pouvant être provoquée par une chambre surchauffée, veillez à ne pas dépasser 20 °C.

2. Je vérifie sa température : lubrifiez le bout du thermomètre avec une crème (vaseline). Allongez le bébé sur le dos et, d'une main, relevez ses jambes en le tenant par les chevilles. Secouez le thermomètre et introduisez-le tout doucement dans l'anus de votre bébé, en veillant à bien laisser le thermomètre parallèle au plan du lit. Si la température atteint 38 °C, c'est de la fièvre.

3. Je le baigne : non seulement le bain calme et hydrate, mais il fait baisser la température de 0,5 à 1 °C. Pour cela, l'eau ne doit pas être fraîche, mais tiède, de 2 degrés inférieurs à la température du bébé.

4. Le thermomètre affiche 38 °C ? Faites-lui couler un bain à 36 °C. Pendant ces 10 minutes où votre petit trempe, passez de l'eau sur son cuir chevelu, où il a tendance à beaucoup transpirer. Des bébés fiévreux, difficiles à calmer, trouvent plus aisément le sommeil après le bain. Profitez de

ce moment de détente pour le rassurer. Il est déjà patraque, il a besoin de toute votre attention.

5. Je lui donne à boire : suffisamment pour compenser l'eau qu'il perd par la transpiration. S'il a soif, tant mieux, répondez à sa demande. Tout est bon : de l'eau, bien sûr, mais aussi du bouillon de légumes légèrement salé, du lait ou du jus de fruit dilué. S'il refuse de boire, répétez votre offre régulièrement par petites quantités. Les besoins en eau d'un nourrisson sont 3 à 5 fois plus élevés que ceux d'un adulte.

MON TRUC EN PLUS

Pierre, 36 ans, papa d'Hippolyte, 5 mois et demi

« Lorsque ma fille fait ses dents, ce n'est pas toujours évident de lui mettre du baume gingival car elle ne se laisse pas faire. J'en mets un peu sur une tétine, comme ça elle garde le produit dans la bouche et elle est soulagée. »

« Mon bébé souffrira-t-il si je suis souvent absent ? »

En réalité, tout dépend de la nature de cette absence. Si vous êtes éloigné de votre domicile, par la force des choses, votre métier par exemple, votre bébé n'en souffrira pas car cette astreinte fait partie du quotidien. Si, en revanche, le père n'est pas présent pour des motifs égoïstes, son enfant en souffrira car son comportement causera probablement une attitude et des sentiments très différents à son égard chez la mère. Ce qui est réellement important pour le petit enfant est la place que sa maman accorde à son papa dans sa propre vie, en ce qui concerne ses sentiments et ses préoccupations.

Un nouveau-né découvre donc plus son père à travers le regard, les attitudes et les paroles que sa mère lui dédient que de par le contact physique qu'il a avec lui. Eh oui, l'enfant ressent, et de façon très précoce, combien son père compte aux yeux de sa mère. Ce sentiment de sécurité nécessaire au bébé, la maman peut le renforcer par des traces matérielles : coups de téléphone, lettres, conversations où elle parle du père, ce qu'elle en dit à son bébé. Il est important qu'elle dise à l'enfant que son papa reviendra bientôt et qu'il pense à eux.

Si vous êtes absent, vivez-le le mieux possible, votre enfant le vivra bien. Et n'hésitez pas à lui dire que vous allez vous absenter et revenir bientôt.

« Sommes-nous condamnés à vivre cloîtrés avec lui, sans plus voir personne ? »

Contrairement à tout ce que vous pouvez penser, on peut tout faire avec un bébé : prendre le métro, aller au restaurant, chez des amis. Votre bébé est capable de s'endormir même s'il y a de la musique à côté. S'il a besoin d'une seule chose pendant toute la première année, c'est d'être près de vous : tout le temps, n'importe où.

« Mon bébé ne va-t-il pas avoir mal au cœur si je conduis en montagne ? »

Dans le véhicule, les modifications d'orientations (accélérations, ralentissements, vibrations) créent des stimulations qui vont désorienter le cerveau et provoquer sueurs froides, fatigue brusque avec bâillements, pâleurs puis salivation excessive, voire des nausées.

Mais rassurez-vous, ces symptômes sympathiques ne touchent les enfants qu'à partir de 2 ou 3 ans.

« Si je le couche un peu plus tard, il y a des chances pour qu'il fasse une grasse matinée demain ? »

Hélas, vous ne pouvez pas régler votre bébé ! Quelle que soit son heure de coucher, il se réveillera à son heure habituelle le lendemain matin, conformément à sa propre chronobiologie. Coucher tard un petit lève-tôt, c'est créer chez lui un déficit de sommeil.

QUELQUES TRUCS À RESPECTER POUR UNE BONNE NUIT DE SOMMEIL

1. Le lit doit être réservé à une seule activité : le dodo ! Pas question de s'en servir comme parc à thèmes dans la journée.

2. Ce lit doit être agréé NF : cette norme garantit notamment un espacement des barreaux idéal au niveau de la sécurité (impossible de s'y coincer la tête ou le pied).

3. N'oubliez pas de glisser dans le berceau ou le couffin un doudou, ou mieux encore, un pull avec votre odeur ou celle de sa maman.

4. Ne le couvrez pas trop, n'utilisez pas de couverture ou de couette, mais plutôt un surpyjama ou une gigoteuse (certains bébés détestent ça, car, ainsi entravés, ils ne peuvent plus gigoter justement) si on est en hiver.

5. La température de la pièce ne doit pas dépasser 19/20 °C. En hiver, l'air se dessèche à cause du chauffage, alors pensez à l'humidifier en posant un bol d'eau sur le radiateur.

6. Choisissez un sommier à lattes et un matelas ferme, bien adapté aux dimensions du lit, afin que votre petit dormeur ne risque pas de se glisser entre le matelas et le bord du lit.

7. On dort dans le noir, en baissant les stores ou en tirant les rideaux. Sachez-le : le nourrisson n'a pas peur du noir ! (en revanche, le jour, faites-le dormir à la lumière du jour, sans pour autant l'allonger en plein soleil, évidemment.)

8. La veilleuse, ça ne sert à rien avant au moins 1 an (vous lui créez un besoin là où il n'en avait pas). Il était en pleine obscurité dans le ventre de sa maman, alors l'obscurité, vous pensez, il connaît. Un enfant n'a pas besoin de source de lumière pour se rassurer.

ET SI ÇA NE MARCHE VRAIMENT PAS...

Promenez-le en voiture autour du quartier (dans le siège auto) : si vous n'avez pas à vous arrêter toutes les 10 secondes à un feu rouge, le mouvement de la voiture a un effet magique sur le nouveau-né (profitez-en, après, ça peut être le contraire).

Faites un tour de pâté de maison en poussette : généralement, ça fonctionne après quelques minutes, après avoir subi les regards noirs des passants devant votre bébé qui hurle dans la poussette. L'avantage, c'est qu'une fois le bébé endormi, vous pouvez rentrer et le laisser dormir dans la poussette.

Bercez-le (mais pas à l'ancienne) : oubliez les bercements amples de gauche à droite, utilisez plutôt des rythmes saccadés et rapides (c'est pour cette raison que la poussette marche bien). Vous pouvez aussi le bercer du siège : la main sous ses fesses, tout le corps est envahi de bercements, c'est génial.

Chantez-lui une berceuse : la meilleure chanson, c'est la vôtre, celle que vous inventerez (vous pouvez faire semblant de chanter en glissant au milieu de ce charabia « papa », « maman » et son prénom). Installez-vous près du berceau, posez votre main sur sa poitrine et commencez à chanter tout doucement au rythme de sa respiration, puis de plus en plus lentement.

Mettez-le dans le porte-bébé : glissez-le dans le kangourou et baladez-vous, faites ce que vous avez à faire : la vaisselle, du rangement, un coup de téléphone.

Emmaillotez-le : pour le rassurer, on peut l'envelopper dans une couverture, ce qui lui donnera une impression de sécurité.

Massez-le un peu : avec la pulpe du pouce, massez son gros orteil. L'effet est presque immédiat (vous verrez, quand il aura grandi, si vous lui faites ça et qu'il ne veut pas dormir, il retirera son pied).

MAIS SURTOUT ÉVITEZ...

- de le prendre dans vos bras sous prétexte qu'il a les yeux ouverts et qu'il pousse des petits cris : il est juste en phase de sommeil agité.
- de rester à ses côtés pour s'endormir.
- d'attendre qu'il ait sommeil pour le coucher : il est important qu'il sache que vous, ses parents, avez une vie sans lui.
- d'attendre de lui qu'il fasse ses nuits avant l'âge de 2 mois.
- de lui donner des habitudes d'endormissement qu'il ne retrouvera pas, la nuit, s'il se réveille.

MON TRUC EN PLUS

Fred, 26 ans, papa d'Ophélie, 11 mois.

« Je me souviens d'avoir laissé parfois le sèche-cheveux allumé pendant 20 minutes jusqu'à ce qu'Ophélie s'endorme enfin, bercée par le bruit. Mes collègues de boulot s'amusaient d'entendre toujours le bruissement du sèche-cheveux chaque fois qu'ils appelaient à la maison. »

Fred, 31 ans, papa d'Esther, 22 mois.

« J'ai lu quelque part que la musique de Mozart calmait bien les bébés. Pour Esther, ça a toujours fonctionné. Évidemment, je lui passais la *Flûte enchantée*, pas le Requiem. »

→ LE SAC DE SURVIE POUR LA PETITE SORTIE AVEC PAPA

Vous allez vous balader tous les deux, sans sa maman, comme de vieux complices que vous n'êtes pas encore. Évitez d'oublier l'essentiel pour que la virée ne vire pas au cauchemar :

- 1 serviette de toilette qui servira de matelas à langer.
- 3 couches.
- Du coton.
- 1 biberon de lait à moitié prêt (la poudre est dedans, il ne manque que l'eau).
- 1 biberon d'eau minérale.
- 1 brumisateur.
- Des lingettes jetables.
- 1 sac en plastique pour les couches usagées.
- De la crème solaire.
- 1 petit pot et 1 cuillère.
- 1 doudou et 1 autre jouet qu'il aime bien (pour l'occuper si vous devez revenir en catastrophe).
- Des vêtements de rechange.

« À partir de quel âge puis-je lui raconter des histoires de Barbapapa ? »

Les papas qui lisent des histoires à leurs enfants encouragent ceux-ci à devenir des lecteurs assidus tout au long de leur vie. Et quels doux moments d'intimité à partager avec son enfant ! Pour les nouveaux-nés, c'est surtout la musique des mots qui compte. D'où l'intérêt de trouver des formules qui chantent (bedam, bedi, bedam, bedi…), des petits mots rigolos et des onomatopées à foison. Inspirez-vous des comptines qui sont construites sur le rythme (« un, deux, trois, nous irons au bois… ») ou des contes avec leurs phrases répétées comme des refrains (« il était plus petit que le tout petit bout de mon tout petit doigt ») que l'enfant mémorise et prend plaisir à répéter. Un conte, c'est comme une partition : s'il n'a pas de mélodie, de rythme, il sera moins vivant. Les rimes sont particulièrement efficaces. Et plus vous saurez mettre du rythme et de la mélodie dans votre voix (n'hésitez pas à la changer en passant d'un personnage à l'autre), plus votre enfant appréciera l'histoire.

« J'aimerais sécuriser la maison avant que mon fils commence à marcher. Comment faire ? »

Quand votre petit commence à marcher à quatre pattes, un bon conseil : faites exactement comme lui pour repérer tous les dangers qui le guettent dans la maison ! Obturez toutes les prises de courant par des cache-prises, arrondissez tous les angles vifs des tables et des meubles en posant des pièces de protection adhésive et, si vous achetez une plante verte, veillez à choisir une espèce non toxique, bébé étant tenté de boulotter les feuilles.

« Je voudrais baptiser mon fils civilement. Comment cela se passe-t-il exactement ? »

C'est un moyen de célébrer la venue au monde de votre enfant sans lui donner un caractère religieux. Il n'existe pas de texte officiel prévoyant le baptême civil. On doit s'adresser au secrétariat général de sa mairie : rien n'oblige le maire à le célébrer, c'est lui seul qui décide !

Généralement, les baptêmes civils ont lieu le samedi après la célébration des mariages. Mieux vaut faire votre demande pour une cérémonie en octobre ou en mars, époque où les mariages sont moins nombreux. Les parents et l'enfant, ainsi que son parrain, sa marraine et vos invités, sont accueillis par le maire ou son adjoint dans la salle des mariages. Celui-ci fait un rappel historique sur l'origine de la cérémonie, puis un discours sur l'enfant avant de rappeler les valeurs républicaines. Avant de signer le certificat de parrainage civil, le parrain et la marraine s'engagent solennellement à assumer leurs nouvelles « responsabilités ». Le certificat de parrainage civil est remis aux parents ainsi qu'au parrain et à la marraine, un dernier exemplaire étant destiné à l'enfant. À l'instar du baptême religieux, le baptême civil implique de la part du parrain et de la marraine un engagement moral, non une responsabilité juridique.

« Quels sont les jeux rigolos que je peux faire avec mon bébé ? »

Un jour, promis, vous pourrez jouer au foot avec lui, mais les premiers jeux avec votre bébé seront beaucoup plus élémentaires. Le jouet préféré de votre enfant, c'est vous, et surtout votre sublime et charmant visage. Alors, jouez-en !

LE « BRIBRI » MUSICIEN (À PARTIR DE 2 SEMAINES) :

Le « bribri », c'est le nombril, et si vous enfouissez votre bouche dans ce nombril en soufflant comme dans une trompette et en secouant un peu la tête de droite à gauche, il rira et en redemandera !

LES ONOMATOPÉES (À PARTIR DE 1 MOIS) :

Jouez à fabriquer des sons avec votre bouche. Faites des « meuh », des « boum », des « areu », des « vroum » et tous les bruits rigolos qui ne sont pas forcément dans le catalogue.

LES BULLES MAGIQUES (À PARTIR DE 1 MOIS) :

Achetez un appareil à bulles et créez des rafales de bulles autour de lui, il devrait bien sourire (et plus tard éclater de rire).

LE BATEAU IVRE (À PARTIR DE 1 MOIS) :

Faites-lui découvrir des sensations toutes nouvelles en mettant en jeu son sens de l'équilibre. Couché à l'horizontal, dans vos bras, son dos contre vous, balancez-vous doucement de gauche à droite, penchez-vous en avant, en arrière, baissez-vous, etc.

LES GRELOTS (À PARTIR DE 2 MOIS) :

Suspendez des grelots à des rubans aux bras et aux jambes de bébé. Dès qu'il fera un mouvement, si léger soit-il, il se rendra compte qu'il provoque un bruit très doux. Attention : vous ne pourrez plus l'arrêter !

LE VOL PARIS-NICE (À PARTIR DE 2 OU 3 MOIS) :

Prenez-le à bout de bras et mettez-vous à tourner lentement sur vous-même, puis de plus en plus vite (pas trop, sinon gare aux régurgitations). Dès que l'avion est « posé », serrez-le très fort contre vous en l'embrassant.

« Quelles questions dois-je poser à ma future nounou histoire de la tester ? »

Confier votre bébé à une inconnue, c'est évidemment un défi. Vous avez entendu tellement d'histoires sordides… Voici quelques pistes pour éviter les « cas sociaux » et recruter sérieux.

« POURQUOI VOULEZ-VOUS PARTICULIÈREMENT CE TRAVAIL ? »

Si elle vous répond qu'elle n'a pas eu d'enfants et que c'est un moyen pour elle de se « rattraper », fuyez, ou plutôt, mettez-la en fuite ! Si elle a l'air de ne pas comprendre la somme de travail que représente la garde d'un enfant, ou si elle ne parle que d'argent sans évoquer son amour des enfants, idem.

« COMMENT ORGANISEZ-VOUS UNE JOURNÉE ? »

Attention ! Si elle veut faire mille choses, si elle veut vous imposer tout un programme, et si elle ne veut vous parler que de ses envies (aller en balade dans une cour d'immeuble immonde, mais tout près) sans tenir compte de l'équilibre du bébé (aller au parc, même si la rue qui y mène grimpe à pic), fuyez également !

« LE BÉBÉ NE S'ARRÊTE PAS DE PLEURER, QUELLE EST VOTRE RÉACTION ? »

Voyez si elle pense à regarder la couche, à lui donner son biberon, à le prendre dans ses bras ? Si elle vous dit que, peut-être parce que vous êtes un homme et que vous pouvez entendre ça, c'est bon pour lui de pleurer : montrez-lui la porte et ne lui ouvrez pas si elle pleure.

« LE BÉBÉ TOMBE DE SA CHAISE, QUE FAITES-VOUS ? »

Voyez si elle panique, si elle vous appelle plutôt que d'appeler un médecin, si elle a les bons réflexes, si elle garde son calme.

trop sévère

trop bimbo

trop sourde

trop déprimée

trop motivée

trop trop

« QUEL BÉBÉ IDÉAL VOUDRIEZ-VOUS AVOIR ? »

Elle répond :

- Un bébé en bonne santé, heureux (pas mal comme réponse).
- Un bébé qui rigole tout le temps (Mmm... Elle peut avoir peur des pleurs).
- Un bébé obéissant (vous pouvez craindre une folle de discipline : c'est inadapté à un bébé).
- Un bébé curieux de tout (embauchez-la sur le champ !).

→ DES PRIMES QUI DÉPANNENT BIEN

- La prime de naissance est de 903,07 € si vos ressources ne dépassent pas le plafond. Cette prime est versée au 7e mois de grossesse. Pour en bénéficier, il suffit d'adresser une déclaration de votre grossesse à la CAF dans les 14 premières semaines.
- Une seconde allocation de base peut vous être accordée sous condition de ressources : 180,62 € par mois par famille jusqu'aux 3 ans de l'enfant. Cette prime est versée par la CAF dans le cadre de la PAJE. Pour en bénéficier, faites parvenir à la CAF une photocopie du livret de famille ou de l'extrait d'acte de naissance de votre enfant ainsi que l'attestation du premier certificat de santé (à faire remplir dans les 8 jours suivant la naissance), puis il vous sera ensuite demandé de fournir les certificats des visites médicales des 9e et 24e mois. Attention ! Pour le premier mois, le montant de l'allocation de base varie en fonction du jour de naissance de Bébé, de son adoption ou de son recueil en vue d'adoption.
- Ainsi, si Bébé est né le 20 mars, soit 12 jours avant la fin du mois, le versement est égal à 12/31e du montant de l'allocation de base mensuelle.
- À la naissance de votre enfant, une prime peut également vous être accordée par votre mutuelle. Son montant varie en fonction de la mutuelle et de votre contrat (de 150 à 500 €). Si vous avez chacun une mutuelle, interrogez les deux !
- Votre entreprise préférée vous fera peut-être, elle aussi, un petit cadeau : il arrive qu'une prime soit réservée aux salariés nouvellement parents. Renseignez-vous dès maintenant auprès du comité d'entreprise (CE).

« Comment savoir si mon fils est gaucher ou droitier ? »

Dès qu'il va vouloir se saisir de son petit lapin en peluche (ou du fil de lampe de chevet en cristal acheté par Mamie Do), il utilisera indifféremment l'une ou l'autre de ses mains. S'il se sert plus volontiers de sa main gauche ou de sa main droite, n'en tirez pas de conclusion hâtive : ce n'est que vers 3 ans qu'il sera possible d'affirmer la dominance nette d'une main sur l'autre. En revanche, vers 5 ou 6 mois, il devrait commencer à privilégier la gauche ou la droite. Alors observez-le bien !

« Ma fille se réveille avec les poules le matin alors qu'elle n'a plus de biberon de nuit. Que puis-je faire ? »

Même si vous êtes tombé sur un énergumène qui n'aime pas dormir tard (ça arrive, c'est comme ça), vous pouvez lui apprendre à patienter dans son lit, et ce, même dès son plus jeune âge (4/5 mois). Première chose : n'accourez pas pour lui faire son bib' dès que vous entendez les premiers babillages à 5 heures du matin. Attendez et voyez : il est possible qu'elle se rendorme au bout de quinze minutes. Si ça ne marche pas, allez la voir et dites-lui, en chuchotant (qu'elle comprenne que c'est la nuit !), qu'il n'est pas encore l'heure de se lever. Deuxième règle : pensez à fermer hermétiquement ses volets, elle est peut-être réveillée par la lumière du jour (pas d'inquiétude : elle n'a pas encore peur du noir, vous pouvez y aller).

→ 10 CHOSES QUE VOUS NE SAVIEZ PAS AVANT CE FAMEUX JEUDI 6 DÉCEMBRE !

- Une couche, ça se change les yeux fermés, à la seule lueur d'une lune pleine comme une assiette à soupe, en dormant debout.
- Une couche peut contenir plus de déjections qu'un sac poubelle de 50 l.
- Prorhinel prend un « h ».
- *Histoires naturelles* est rediffusé 2 fois dans la nuit.
- La chanson de Thomas O'Malley (*Les Aristochats*) dure le temps très précis d'un coup de fil super urgent à la banque.
- « Oiseau », même en régime libéral, ça se dit « coco ».

- Mimi, elle a plein d'amis : elle adore surtout Charly, Cyril, et Eddie.
- Au 235e visionnage de *Monstres & Cie*, on découvre encore des choses.
- Il y a 123 façons de préparer les pâtes.
- Tenir un bébé dans vos bras en ouvrant le four à micro-ondes et en répondant au téléphone sans en faire tomber aucun des trois, c'est possible.
- Dormir 4 heures seulement par nuit pendant 1 mois sans commettre un meurtre ni traiter votre patron de négrier, ça aussi, c'est possible (si, si !).
- Dormir 7 minutes, ça peut aider à tenir une demi-journée.

ANNEXES

50 QUESTIONS POUR CALCULER VOTRE « RÉFLEXE PATERNITÉ »

Qu'est-ce que vous imaginez, mon bon monsieur ? Qu'on part tous avec les mêmes bases dans cette grande aventure humaine qu'est la paternité ? Certains ont ça dans le sang, comme d'autres ont la fibre artistique ou le sens des affaires, parce qu'ils sont issus d'une famille nombreuse peut-être, d'autres mettent un peu plus de temps à se mettre dans le bain (ou à y plonger leur nouveau-né). Pour savoir si vous avez les bons réflexes, entourez dans la liste des questions suivantes le symbole qui correspond à la question chaque fois que la réponse est « oui », et vérifiez quel symbole revient le plus souvent. Il ne s'agit pas de tester votre capacité à être ou non un bon père, juste d'estimer votre capacité naturelle à vous occuper d'un nourrisson.

- Petit, vous jouiez avec le baigneur de votre grande sœur.
- On vous raconte un accouchement qui a duré 22 heures, vous vous dites : « Merde ! ils ont passé la journée à l'hôpital ? »
- Votre compagne vous dit : « Je crois que ça y est... », vous lui répondez : « C'est dans quel hôpital déjà ? »
- Ses contractions sont espacées de 20 minutes... Vous la prenez par la main et vous filez à la maternité.
- Toute la nuit, votre compagne va du lit aux WC, des WC au lit, et vous demande finalement comme une faveur de pouvoir faire pipi au lit : vous pensez qu'il est temps de filer à la maternité.
- Vous partez avec Elle à la maternité : vous glissez dans un sac un chronomètre pour évaluer le temps des contractions.

- En arrivant, un médecin vous dit que le col de votre chérie est dilaté à 6 cm. Vous menacez de lui en mettre une.
- Vous dites à votre compagne que vous resterez derrière la porte de la salle d'accouchement.
- Au moment de couper le cordon, vous dites à la sage-femme qu'elle est payée pour ça.
- Dans la « salle de travail », vous filmez l'accouchement et vous demandez à une aide-soignante de vous tenir le flash.
- Vous souffrez en voyant votre compagne souffrir, vous demandez à la sage-femme une péridurale… pour vous.
- Vous voyez la sage-femme attraper des couverts à salade, vous vous demandez ce que ça vient faire ici.
- Vous baissez le dossier de la table d'accouchement, vous ouvrez la porte pour faire courant d'air.
- Le bébé vient de sortir, vous sortez de la salle et vous appelez tous vos copains pour leur annoncer la nouvelle.
- Dans la chambre n° 34 de la maternité (celle de votre compagne), une copine commence à parler ablation des hémorroïdes et vous trouvez ça instructif, vous l'écoutez.
- À tata Jeanine, qui prend bébé dans ses bras, vous lancez : « Ce n'est pas un joujou, il faut le reposer maintenant ! »
- Changer une couche, vous voulez bien, mais contre quoi ?
- Vous le promenez en poussette, il a le soleil dans l'œil, vous vous dites qu'il va synthétiser plus de vitamine D.
- Dans la chambre de la maternité, vous refusez de prendre bébé en photo de peur que son ego ne gonfle (dixit une étude danoise qui a énoncé le « paparazzi syndrome »).
- Le quatrième jour, vous lui faites votre imitation de Chirac, il vous sourit et vous vous dites qu'il vous trouve drôle.
- Vous vous réveillez en sueur ; vous rêviez que vous preniez la température de votre fils avec un thermomètre rectal.
- Vous faites chauffer l'eau du bib' avant d'ajouter la poudre.
- Votre crevette n'a pas mangé depuis trois heures et vous lui donnez un biberon.
- C'est dimanche, vous vous réjouissez car bébé va dormir plus longtemps.

- ☼ Vous lui donnez son biberon froid.
- ⚡ Vous avez choisi votre pédiatre parce que c'est celui du cousin germain d'une célébrité.
- ☁ Depuis qu'on vous a dit que le nouveau-né voyait à 20 cm, vous vous rasez chaque jour.
- ☼ Après le bain, vous utilisez le sèche-cheveux pour sécher bébé.
- ☁ Vous gardez votre bébé une soirée ; il n'a pas sommeil ; vous veillez avec lui jusqu'à 23 h.
- ☼ Bébé n'a pas fait son rot, vous le couchez sur le côté.
- ⚡ Votre bébé naît si poilu que vous reprochez à votre compagne de vous avoir caché un cousinage avec Demis Roussos.
- ☼ Vous prenez sa température sous le bras, et vous ajoutez un degré au chiffre obtenu.
- ⚡ Pour qu'il finisse de manger avant le match à la télé, vous lui donnez son biberon sur la position 3.
- ⚡ Pour que votre fils de 3 semaines s'endorme avec ses « potes », vous mettez 5 ou 6 peluches dans son dortoir.
- ☁ Pour le calmer, vous le mettez devant le lave-vaisselle.
- ☁ Vous commencez le « livre de vie » de votre bébé en collant la facture de l'hôpital.
- ☼ Le petit goinfre a fini tout son biberon, et vous lui en proposez un autre.
- ☁ Vous annulez vos vacances à Ibiza car un nourrisson ne peut pas prendre l'avion.
- ⚡ Votre pédiatre vous dit que votre fils a des croûtes de lait, et vous vous demandez qui lui a versé un biberon sur le crâne.
- ⚡ Votre premier enfant est là, tout beau, tout mignon, et d'un sourire plein de dents, vous dites à votre compagne : « Quand est-ce qu'on en refait un ? »
- ☁ Vous vous réjouissez quand on vous annonce son envie d'allaiter : le lait maternel est quand même meilleur marché.
- ⚡ Le congé paternité, c'est pas mal du tout, ça permet de ranger son bureau quand on n'a jamais le temps de le faire.
- ☼ Vous ne pouvez venir que l'après-midi à la maternité, vous demandez qu'on donne le bain à votre fils à ce moment-là.
- ☼ Vous n'avez plus de gel de bain, vous utilisez du savon de Marseille pour faire mousser votre bébé.

- ☼ Vous lui coupez les ongles pendant qu'il dort.
- ☼ Vous dites à votre bébé que vous allez voir Nemo avant de partir au ciné.
- ☼ Vous le mettez entre vous deux dans le lit pour l'endormir.
- ☼ Vous êtes en panne de couche, vous piquez une serviette hygiénique à votre copine.
- ⚡ Un biberon au Perrier, ça doit aider les petits rots.
- ☁ Vous changez de voiture pour une plus petite : c'est bien connu, le matériel de bébé à trimbaler est proportionnel à la taille du nouveau-né.

VOUS AVEZ UNE MAJORITÉ DE ☼

Vous êtes une encyclopédie vivante de la puériculture !

POTENTIEL PRATIQUE : 100 %

Vous avez la « main rose » comme on dit des bons jardiniers qu'ils ont la main verte. La paternité, c'est votre second métier, mais celui-là, vous pouvez dire que c'est vraiment une vocation, une langue que vous parlez depuis belle lurette. Vous avez vu *Trois hommes et un couffin* 34 fois au moins au cinéma (7 fois en DVD, bonus inclus) ; dans la salle d'attente du doc', c'est *Famili* que vous parcourez, pas *Auto Plus* ; vous faisiez fureur dans les repas de famille en pliant votre serviette de table comme la couche d'un nourrisson. C'est vrai, dès qu'il y a un bébé à changer dans les parages, vous levez le doigt, vous êtes toujours prêt.

Vous aimez mettre les mains dans le cambouis, les TP, depuis la fac, c'est votre truc. Tout petit déjà, vous vouliez être papa-pompier. Vous avez le gène qui fait qu'à n'importe quelle heure, n'importe où, vous êtes prêt à assurer un biberon, un change, à guérir un bobo sur-le-champ.

Vous, vous n'avez pas pu être sage-femme, alors vous avez décidé de faire un bébé… Y en a 3 ou 4 comme ça dans le monde, vous êtes l'un d'eux !

VOUS AVEZ UNE MAJORITÉ DE ☁

De bonnes bases, sans plus…

POTENTIEL PRATIQUE : 65 %

Mouais… C'est pas mal. On voit bien que vous êtes plein de bonne volonté, vous vous lancez parfois, vous avez quelques bonnes bases, vous vous intéressez au sujet, c'est net, vous mémorisez pas mal les conseils… Mais vous doutez tellement de vos capacités que même faire un bébé vous paraissait un chouia ambitieux (souvenez-vous, quand on vous demandait si vous vouliez une fille ou un garçon, vous répondiez volontiers : « Un bébé, ça sera déjà pas mal »). Alors, regardez donc les autres faire (d'abord à la maternité), posez des questions et, surtout, prenez confiance en vous. Ce bébé, vous avez décidé de le faire tous les deux, c'est bien qu'il ne vous a pas manqué un certain sens pratique à un moment ou à un autre, si vous voyez ce que je veux dire...

VOUS AVEZ UNE MAJORITÉ DE ⚡

Vous partez de loin...

POTENTIEL PRATIQUE : 20 %

Comment vous le dire gentiment : il faut tout changer, mais alors tout (à commencer par la couche du petit machin, que j'entends pleurer d'ici). Vous savez très peu de choses de l'univers tout rose du nouveau-né, à part qu'il se nourrit plutôt de lait que de tournedos (et encore, vous avez soudain un doute). Vous avez tendance à faire tout à l'envers : vous le réveillez quand il faudrait le laisser dormir, vous pensez qu'il a faim quand il a froid ou mal au ventre, ou vous le couvrez quand il a de la fièvre, vous n'en faites pas assez ou vous en faites trop. C'est un truc, y a rien à faire, vous ne l'avez pas. Pourtant, vous ne savez pas ce que vous ratez : les biberons sous la lune rousse, le sourire qui vient après le mal au ventre, la balade au long cours en porte-bébé. Relisez le premier chapitre, peut-être même le deuxième... et les suivants. Tiens, relisez tout, deux ou trois fois. Apprenez quelques pages par cœur, ça viendra peut-être comme ça. Et puis ce n'est pas impossible que ça ne vienne pas. Essayez au moins de donner un bib' de temps en temps. Et même si vous avez deux mains gauches, il trouvera ça marrant quand il sera plus grand !

LES 20 PETITS BONHEURS DU JEUNE PAPA

- Je pousse son petit chariot chauffant vers la chambre de sa maman qui ne va pas tarder à se réveiller de sa césarienne. J'ai l'impression qu'on lui joue un tour tous les deux.
- Accroupi, je l'observe à travers la vitre de son berceau translucide : son ventre se soulève, ses yeux papillonnent (il rêve ?), ses lèvres tètent dans le vide.
- Le regard fier et attendri (« Tu l'as fait... On l'a fait... ») de ma compagne dans la voiture quand on quitte la maternité ce mardi matin.
- Cette nuit noire où plus rien ne bouge, comme une parenthèse enchantée, où l'on est seuls, lui et moi, seul à seul, en tête-à-tête.
- L'instant où je l'ai tenu dans les bras et où j'ai discrètement compté le nombre de ses doigts pour arriver à un nombre impair.
- Quelques minutes après la naissance, je me retrouve seul avec lui, je mets ma main au-dessus de sa tête pour que la lumière vive ne l'aveugle pas, il ouvre en grand ses petits yeux.
- La première nuit sans maman, où l'on fait des câlins jusqu'à plus soif, on se permet de se coucher vers 22 h.
- Le « vol » du petit bracelet qui porte son nom, que j'enfouis dans ma poche comme un trésor secret.
- Je le saisis pour la première fois avec mes grosses mains pleines de doigts, comme si j'avais fait ça toute ma vie.
- Ce prénom qui résonne et que je me répète à l'infini comme pour bien me persuader que, oui, je suis vraiment son père.
- Cette balade dans le parc, avec le porte-bébé, j'épie les regards, fier comme si j'étais enceint, oui, enceint, à mon tour.
- Je me glisse par effraction, à quatre pattes, dans sa chambre, pour l'observer en train de babiller, de regarder ses mains, ses pieds.
- Les premières bulles qui s'échappent du premier biberon que je lui donne, signes qu'il tète bien, que je suis un chef, un papa, un vrai.
- Cet instant magique où il s'immobilise, la première fois que je l'habille, comme pour me donner un coup de main.
- Le bruit de papier-cadeau, quand je le tapote sur sa grosse couche en le berçant.

- Ce sourire qui se dessine sur son visage devant ce nouveau bruit que je viens d'inventer.
- Ce matin doux où l'on se réveille en sursaut à 8 h 32 tous les deux : il n'a pas pleuré, il n'a pas appelé, il a fait sa première nuit de « grand ».
- Je l'allonge sur mes genoux, je lui caresse la tête d'une main, de l'autre, j'écris mon article pendant une heure…

OÙ PRENDRE DES PETITS « COURS DE PATERNITÉ » ?

Si vous souhaitez exprimer votre angoisse de la paternité, une peur quelconque liée à l'enfant ou au changement de vie que celui-ci suscite, des groupes de parole, le plus souvent animés par un obstétricien (homme), un(e) sage-femme, un psychologue ou tout simplement un jeune père, vous accueillent dans certaines maternités, avant ou même après l'accouchement. Entre café du commerce et témoignages bouleversants, ces séances apportent aux hommes souvent beaucoup de soulagement.

Voici quelques initiatives :

Hôpital des métallurgistes-Les Bluets
4, rue Lasson, 75012 Paris
Tél. : 01 53 36 41 00 – **Contact :** Dr Luc Gourand

Institut Mutualiste Montsouris
42, bd Jourdan, 75014 Paris
Tél. : 01 46 68 30 60 – **Contact :** Benoît Le Goëdec

Maternités des Lilas
14, rue du Coq-Français, 93260 Les Lilas
Tél. : 01 49 72 64 65 – **Contact :** Dr Gérard Strouk

Hôpital/Maternité de Valréas
9, cours Tivoli, 84 600 Valréas
Tél. : 04 90 28 51 51 – **Contact :** Dr Dirix et Dr Morin

Maternité privée du Blanc-Mesnil
7, avenue Henri-Barbusse, 93156 Le Blanc-Mesnil
Tél : 01 45 91 55 65 – **Contact :** Dr Philippe Révillon

Clinique du Bois-d'Amour
19-21, avenue du Bois-d'Amour, 93705 Drancy
Tél. : 01 41 60 90 90 – **Contact :** Geneviève Wrobel
(groupe ouvert aussi aux femmes enceintes)

Maternité Etoile Catholique de Provence
route de Puyricard, 13540 Aix-en-Provence
Tél. : 04 42 17 07 17 – **Contact :** Christophe Chouillet

Hôpital/Maternité de Cognac
rue Montesquieu, 16100 Cognac
Tél. : 05 45 36 75 25 – **Contact :** Dr Patrick Wadoux
et Marie-Ange Distriquin

Centre hospitalier Princesse Grace (CHPG)
Réunion chaque 4e jeudi du mois.
1, avenue Pasteur, Principauté de Monaco
Tél. : +377 97 98 99 00 – **Contact :** Dr Sylvain Fréhel

→ LE JUSTE PRIX

Ces cours ne sont pas pris en charge pas la Sécu. Il faut compter environ 30 € la séance (certaines maternités proposent la gratuité). Si la maternité n'organise pas de groupes de discussion, le personnel pourra proposer des adresses dans votre région.

À noter : L'association Saint-Raphaël organise avec le Dr Alan Benoît des réunions mensuelles (le mardi de chaque mois) ouvertes à tous les futurs papas :
15, av. du Bois de Verrières, 92160 Antony
Contact : Dr Alain Benoît

Merci de m'écrire aux éditions First pour enrichir cette liste d'autres lieux, d'autres adresses.

BIBLIOGRAPHIE

Une sélection de livres sur la paternité, du plus léger au plus lourd (de 130 à 390 pages), essais psy, sociologiques ou guides pratico-pratiques. À choisir en fonction de ses besoins du moment ou de ses envies :

- *La paternité au XXIe siècle*, collectif, PUL, 2009.
- *Enfants, mode d'emploi à l'usage des pères*, par Jacky Israël, Anne Carrière Editions, 2010.
- *Le Guide de l'accouchement*, par Benoît le Goëdec, Larousse, 2010.
- *La Préparation à l'accouchement*, par Benoît le Goëdec, First Éditions, 2010.
- *Devenir papa pour les nuls*, par Gérard Strouk, Guénolée de Blignières-Strouk et Marinette Lévy, First Éditions, 2012.
- *Le Bébé*, par Marie Darrieussecq, POL, 2002.
- *Bébé, dis-moi qui tu es*, par Philippe Grandsenne, Bayard, 1999.
- *L'enfant bien portant*, par Aldo Naouri, Seuil, 1993

NOTES

PETIT INDEX POUR S'Y RETROUVER

Vous vous posez une question sur votre bébé ? Vous êtes face à un problème que vous n'arrivez pas à résoudre ? Cherchez le mot clé, vous trouverez immédiatement la réponse...

PORTRAIT DU JEUNE PAPA